SOUS LA DIREC

Maurice Berger, Eugenie Izard
Hélène Romano

Les besoins fondamentaux
de l'enfant

Les connaître pour prévenir les
traumatismes

Préface de
Maurice Berger

REPPEA
RÉSEAU DE PROFESSIONNELS POUR LA PROTECTION DE
L'ENFANCE ET DE L'ADOLESCENCE

SOMMAIRE

PRÉSENTATION

Cet ouvrage s'inscrit dans la suite du colloque qui s'est tenu à Toulouse le 7 décembre 2019 sur le thème « Les besoins de l'enfant à l'aune du Trauma » à l'initiative du REPPEA (Réseau des professionnels pour la protection de l'enfance et de l'adolescence).

Le REPPEA qui existe depuis plus de 5 ans rassemble de nombreux professionnels oeuvrant en protection de l'enfance, en particulier des psychologues, des médecins et des psychiatres. Cette association a pour but d'apporter un soutien aux professionnels engagés dans la protection de l'enfance, mais aussi de promouvoir et de diffuser les informations et les recherches dans ce domaine. Ce colloque visait à faire le point sur les dernières données cliniques et scientifiques concernant les besoins fondamentaux de l'enfant et les traumatismes induits par leur non-respect.

Les besoins de l'enfant étant depuis toujours source de controverses multiples et encore plus aujourd'hui, car infiltrés de multiples principes idéologiques délétères, il devenait impératif de rassembler les données existantes et d'ouvrir la voie pour construire un savoir commun qui permette au final de mieux protéger les enfants ; car le développement psychoaffectif de l'enfant est intimement lié à la façon dont les adultes répondent à ses besoins (en particulier les besoins d'attachement, de sécurité et de protection).

Force est de constater que les sociétés produisent autant de courants protecteurs qui définissent avec bienveillance les contours de ces besoins et érigent les limites claires de ce qui relève de la maltraitance, que de courants destructeurs qui se décentrent des intérêts de l'enfant pour assouvir avant tout des besoins narcissiques de parents. Dans ce contexte, l'établissement d'un savoir commun reposant sur des données scientifiques et une clinique objective et réaliste qui se base sur une connaissance approfondie du fonctionnement psychique de l'enfant est indispensable pour que les professionnels, mais aussi les parents puissent appréhender au plus près les besoins d'un enfant. Seules ces solides connaissances pourront faire rempart au précipice fascinant des idéologies

(résidence alternée systématique, idéologies familialistes, idéalisation de la coparentalité, déni des maltraitances, mythe de l'enfant menteur, « Syndrome d'Aliénation Parentale »…)

La non-satisfaction des besoins de l'enfant est source de multiples traumatismes qui, s'ils s'installent de manière chronique, seront susceptibles d'induire des troubles graves dans la construction psychoaffective et de la personnalité de l'enfant. La façon dont toutes les institutions (scolaires, socio-judiciaires de la protection de l'enfance, soignantes…) se positionnent pour répondre à ces besoins, ou au contraire les dénient, va être déterminante pour l'avenir des enfants dont elles ont la charge. Ce livre a pour but de sensibiliser sur ces sujets et limiter certaines dérives constatées.

AUTEURS

Maurice BERGER

Pédopsychiatre ex chef de service au CHU de Saint Étienne et ancien professeur associé de psychologie à l'Université Lyon 2, auteur de 16 livres, de 37 participations à un ouvrage collectif, et de 118 articles dans des revues à comité de lecture.

Berger, M. 1992. *Les séparations parents-enfant à but thérapeutique*, Paris, Dunod, 2ème édition 2010.

Berger, M. 1997. *L'enfant et la souffrance de la séparation : divorce, adoption, placement*, Paris, Dunod, 2ème édition 2010.

Berger, M. 2003. *L'échec de la protection de l'enfance*, Paris, Dunod, 2ème édition mise à jour, 2004.

Berger, M. 2005. *Ces enfants qu'on sacrifie… au nom de la protection de l'enfance*, Paris, Dunod, 2ème édition en 2007.

Berger, M. 2008. *Voulons-nous des enfants barbares ?*, Paris, Dunod.

Berger, M. 2012. *Soigner les enfants violents*, Paris, Dunod.

Berger, M. 2016. *De l'incivilité au terrorisme. Comprendre la violence sans l'excuser*, Paris, Dunod.

Berger, M. 2015. *Sur la violence gratuite en France*, Paris, L'Artilleur.

Berger, M., Bonneville, E. 2007. *Malaise dans la protection de l'enfance*, Bruxelles, Temps d'arrêt, yapaka.be

Phélip, J. Berger, M. 2012. *Divorce, séparation : les enfants sont-ils protégés ? Résidence alternée et syndrome d'aliénation parentale*, Paris, Dunod.

Frisch Desmarez, C., Berger, M. 2014. *Garde alternée : les besoins de l'enfant*, Bruxelles, Temps d'arrêt.

Bagneris, M.P., Berger, M., 2015. Expression de l'enfant et qualité des expertises. Réflexion pour une méthodologie sans idéologie. *Revue Justice Actualités*, n°14, p.65-69 *(revue numérique de la magistrature).*

REPPEA (dir.) 2017. *Le livre blanc de la protection des enfants maltraités, propositions contre les dysfonctionnements*, 2017, Toulouse, Éditions REPPEA-Amazone.

Emmanuelle BONNEVILLE-BARUCHEL

Psychologue clinicienne, Docteur en Psychopathologie et Psychologie clinique, Maître de Conférences – Institut de Psychologie, Membre titulaire du Centre de Recherche en Psychopathologie et Psychologie Clinique (C.R.P.P.C.) EA 653 Université Lumière Lyon 2

Bonneville-Baruchel, E., 2016, *Les traumatismes relationnels précoces : clinique de l'enfant placé*, 2ème édition, Éditions Erès, Collection La vie de l'enfant, Toulouse.

Bonneville-Baruchel, E., 2018, Soins psychiques des enfants en Protection de l'Enfance : Une ouverture interdisciplinaire indispensable, in A.Ciccone (Dir.) *Aux frontières de la psychanalyse, soins psychiques et transdisciplinarité*, Dunod, Paris, p. 143-172.

Bonneville-Baruchel, E., 2018, Enjeux narcissiques dans la clinique et les soins psychiques des enfants très violents, victimes de traumatismes relationnels précoces, in *Enfances & PSY* 78-2018, p. 41-51.

Bonneville-Baruchel, E., 2018, Comprendre et accepter l'altération des liens parents-enfant pour protéger et prendre soin, in *Médecine Thérapeutique Pédiatrie* - mt pédiatrie 2018 ; 21 (4), p. 288-93.

Bonneville-Baruchel, E., 2017, Obstacles et perspectives des soins psychiques aux enfants confiés à la Protection de l'enfance. *Dialogue*, 218, (4), p. 45-56.

Picoche, G., Bonneville-Baruchel, E., 2019, Approche clinique en dispositif de placement externalisé. Promouvoir la séparation psychique sans séparation physique : une gageure ? *Dialogue*, 226(4), p.53-74.

Eugénie IZARD

Pédopsychiatre, psychothérapeute analytique d'enfants et de famille, Présidente du REPPEA, Toulouse

Izard, E. 2017, L'enfant victime de l'interdit d'être : interactions parentales désubjectivantes et justice in H. Romano (dir.) *Accompagner l'enfant victime en justice*. Paris, Dunod.

Izard, E. 2016, in H. Romano & E. Izard. Les effets de la perversion sur les groupes professionnels. *Danger en protection de l'enfance, dénis et instrumentalisations perverses*. Paris, Dunod.

Izard, E. 2014, Résidence alternée et Pertes objectales : aspects cliniques, in *Entre débat et polémique, la résidence alternée*, Carnet psy, N° 181 Cazaubon juin 2014.

Izard, E. 2012, La résidence alternée non conflictuelle. Troubles psychiques observés chez les enfants, in J. Phélip & M. Berger (dir.) *Divorce, séparation, les enfants sont-ils protégés ?* Paris, Dunod.

Izard, E., Berger, M., Ciccone, A. 2012, Comment présenter "scientifiquement" des affirmations tendancieuses, in J. Phélip & M. Berger (dir.) *Divorce, séparation, les enfants sont- ils protégés ?* Paris, Dunod.

Izard, E. 2009, Troubles psychiques observés chez les enfants vivant en résidence alternée, expérience personnelle, *Revue de neuropsychiatrie de l'enfant et de l'adolescent*, 2009, Vol.57, n°3 : 173-181.

REPPEA (dir.) 2017 *Le livre blanc de la protection des enfants maltraités, propositions contre les dysfonctionnements,* 2017, Toulouse, Éditions REPPEA-Amazone.

Pierre LASSUS

Psychothérapeute, essayiste et chroniqueur, directeur général honoraire de l'Union Française pour le Sauvetage de l'Enfance.

Auteur de nombreux ouvrages et articles consacrés majoritairement aux maltraitances dont sont victimes des enfants et notamment :
Lassus, P. 1997, *L'enfance sacrifiée,* Paris, Albin Michel
Lassus, P. 2001, *Maltraitances,* Paris, Stock.
Lassus, P. 2008, *L'Enfance du crime,* Paris, Éditions François Bourin.
Lassus, P. 2013, *Bienfaits et méfaits de la parentalité,* Paris, Dunod.
Lassus, P. 2011, *La violence en héritage,* Paris, Éditions François Bourin.
Lassus, P. 2014, *La sagesse du Petit Prince,* Paris, Albin Michel.
Lassus, P. 2017, *Petit éloge de l'enfant,* Paris, Éditions François Bourin.

Cécile METTE

Psychologue, clinique de l'enfant et de l'adolescent, Toulouse.

Alexandra RHODES

Psychologue clinicienne, Expert psychologue, Psychothérapeute enfants et adultes, Hypnothérapeute, Expert près les Tribunaux - Cour d'Appel de Toulouse.

Hélène ROMANO

Psychologue clinicienne, Docteur en psychopathologie clinique-HDR, Dr en droit privé et sciences criminelles, expert près les tribunaux, chercheur et psychothérapeute spécialisée dans la prise en charge des blessés psychiques et tout particulièrement des enfants, qu'il s'agisse d'événements traumatiques de nature intentionnelle (viol, crime, attentat, guerre) ou non.

Auteur d'une trentaine d'ouvrages consacrés au psychotraumatisme dont :
Romano, H. 2018, *Quand la vie fait mal aux enfants,* Paris, Odile Jacob.
REPPEA (dir.) 2017 *Le livre blanc de la protection des enfants maltraités, propositions contre les dysfonctionnements,* 2017, Toulouse, Éditions REPPEA-Amazone.
Romano, H. (dir.) 2016, *Pour une école bien traitante. Prévention des risques psycho-socio-scolaires,* Paris, Dunod.
Romano, H. 2016. in Romano H. & Izard E. Effets des dérives et maltraitances institutionnelles, les enfants victimes et le parent. *Danger en protection de l'enfance, dénis et instrumentalisations perverses.* Paris, Dunod
Romano, H. 2015, *L'enfant face au traumatisme,* Paris, Dunod 2ème édition 2020.

Romano, H. 2013, *Harcèlement en milieu scolaire. Victimes, auteurs, que faire ?* Paris, Dunod, 2ème édition 2020.

PRÉFACE

Maurice BERGER

Pourquoi ce livre ?

Le 14 mars 2016 a été votée la loi sur la protection de l'enfant, suivie en février 2017 du rapport concernant les besoins fondamentaux de l'enfant qui en donne la « philosophie ». Ces textes constituent un événement important parce qu'ils indiquent *officiellement* quels sont ces besoins, et les risques qu'encourt un enfant lorsqu'ils ne sont pas respectés : il se produit un traumatisme psychique dont les conséquences sont listées dans le rapport. Maintenant, il reste à intégrer ce savoir dans les pratiques, travail qui concerne tous les professionnels de l'enfance, psychologues, pédopsychiatres, pédiatres, travailleurs sociaux, éducateurs, enquêteurs sociaux, magistrats, avocats, et autres.

La notion de traumatisme psychique, à l'œuvre parfois dès les premiers jours de la vie, a jusqu'à présent été relativement peu intégrée dans la théorie et dans la pratique. Plus exactement, les traumatismes importants et uniques, décès d'un parent, accident, guerre, attentat, ont plus attiré l'attention que d'autres sortes de traumatismes souvent encore plus désorganisateurs et plus difficiles à prendre en charge. La maltraitance physique a aussi été repérée du fait de son aspect « visible », même si des ratés dramatiques se produisent encore parfois. Mais le plus difficile à reconnaître pour les professionnels de l'enfance, c'est la gravité des psychotraumatismes répétitifs que j'appelle « en creux », car ils ne laissent pas de traces immédiatement perceptibles. La liste est longue : la négligence, cette maltraitance sournoise dont l'impact est constamment sous-estimé, l'exposition aux scènes de violences conjugales qui amène de nombreux enfants à devenir violents (dans le Centre Éducatif Renforcé où je travaille, 69 % des jeunes en ont été témoin pendant les deux premières années de leur vie), la perte répétitive de la figure d'attachement principale à cause d'un droit de visite et d'hébergement inadapté, la vie dans un univers familial imprévisible et chaotique, l'absence de réponse aux messages de détresse émis par un bébé ou une réponse inadéquate, etc. Le plus marquant, c'est que dans tous ces contextes, le raisonnement tenu par un certain nombre de professionnels, parfois même sans en être conscients, est « l'enfant peut bien supporter ça ». Oui, au sens où il n'en meurt pas sur le moment. Mais supporter à quel prix ? Avec quelles conséquences ultérieures ? Et puis il y a encore une autre sorte de psychotraumatisme, les différentes formes d'agressions sexuelles intrafamiliales dont l'inceste, et là, face à cet impensable, c'est le déni qui risque de primer.

La prise en compte de ces facteurs de réalité a été longtemps retardée en France par une certaine conception de la psychanalyse lisant tous les troubles en termes de conflits intrapsychiques, alors que le psychisme de l'enfant se construit dans sa rencontre avec l'environnement. Prendre en compte cette réalité traumatique n'est pas antipsychanalytique, cela permet surtout une meilleure compréhension de la manière dont un enfant a dû organiser sa vie affective, en particulier la manière dont il a été contraint de se protéger, ce qu'on appelle ses défenses qui sont souvent mutilantes pour sa capacité d'apprendre et de vivre en société. Et il apparaît que sans exclure la psychothérapie « classique », il peut être nécessaire de faire appel à d'autres modalités de soins pour soigner les troubles dus à ces psychotraumatismes.

Il faut se rappeler que les besoins fondamentaux décrits dans le rapport du 28 février 2017, en particulier les besoins de sécurité affective, de stabilité, de continuité, étaient au fondement de la loi québécoise sur la protection de la jeunesse de 1977 et de la loi italienne sur la protection de l'enfance de 1983. Notre pays a donc longtemps résisté à penser en ces termes. Maintenant, notre société a accepté ce savoir, et il en découle une évolution majeure dans la manière dont les difficultés psychologiques, affectives, intellectuelles de beaucoup d'enfants et d'adolescents peuvent être comprises et prises en charge, ou même peuvent être évitées.

Mettre en application ces notions implique une véritable mutation dans notre manière de penser, de décider, de travailler, que ce soit au niveau des soins individuels, des dispositifs institutionnels, des raisonnements judiciaires. C'est pourquoi les différents chapitres de ce livre constituent un apport essentiel pour accompagner cette mutation, car ils donnent des repères théoriques et cliniques précis qui reposent sur l'expérience et l'implication clinique importante de chacun des auteurs de cet ouvrage collectif.

BESOINS FONDAMENTAUX & ATTACHEMENT

Eugénie IZARD

UNE VOLONTÉ POLITIQUE RÉCENTE DE CLARIFIER LES BESOINS FONDAMENTAUX DE L'ENFANT

- La loi de mars 2007 dans son article 1 prévoyait essentiellement l'accompagnement des parents « La protection de l'enfance a pour but de prévenir les difficultés auxquelles les parents peuvent être confrontés dans l'exercice de leurs responsabilités éducatives, d'accompagner les familles et d'assurer, le cas échéant, selon des modalités adaptées à leurs besoins, une prise en charge partielle ou totale des mineurs. Elle comporte à cet effet un ensemble d'interventions en faveur de ceux-ci et de leurs parents (…). » Il est stipulé aussi dans l'Art. L. 112-4. que « L'intérêt de l'enfant, la prise en compte de ses besoins fondamentaux, physiques, intellectuels, sociaux et affectifs ainsi que le respect de ses droits doivent guider toutes décisions le concernant. » ;

- Dans La Feuille de route gouvernementale pour la protection de l'enfance 2015-2017[1] : deux actions vont se centrer sur les besoins fondamentaux : la première est de « faire évoluer la définition de la protection de l'enfance en la centrant sur la prise en compte des besoins fondamentaux

---

[1]https://solidarites-sante.gouv.fr/archives/archives-presse/archives-communiques-de-presse/article/feuille-de-route-protection-de-l-enfance-2015-2017

de l'enfant » qui aboutira à l'Art 1 de la loi de mars 16 et la seconde est l'établissement d' « une démarche de consensus sur les besoins fondamentaux de l'enfant » ce qui va aboutir au rapport de consensus sur les besoins fondamentaux de l'enfant en protection de l'enfance du 28 février 2017

- Loi du 14 mars 2016 constitue le volet législatif d'un véritable changement de paradigme par rapport à la loi de mars 2007 : En effet alors qu'en 2007 il s'agissait de guider vers la prise en compte de ces besoins fondamentaux, la loi de mars 2016 va beaucoup plus loin puisque dans son article 1er cette dernière stipule que « la protection de l'enfance vise à garantir la prise en compte des besoins fondamentaux de l'enfant, à soutenir son développement physique, affectif, intellectuel et social et à préserver sa santé, sa sécurité, sa moralité et son éducation, dans le respect de ses droits. »

- Le 28 février 2017 : Le rapport « Démarche de consensus sur les besoins fondamentaux de l'enfant en protection de l'enfance » du Dr Marie- Paule MARTIN BLACHAIS est rendu à Laurence Rossignol. (MARTIN BLACHAIS, 2017)

POURQUOI RÉPONDRE AUX BESOINS FONDAMENTAUX DE L'ENFANT ?

Tout simplement parce que si les besoins fondamentaux ne sont pas respectés, le développement physique, affectif, intellectuel, social, peut être compromis aboutissant à de multiples souffrances, défenses et symptomatologies (troubles psychosomatiques, psychiatriques, troubles des apprentissages, de la socialisation, de l'attachement, troubles post-traumatiques, violences…) qui seront peu mobilisables par la suite.

Comme l'indique le rapport de consensus, la satisfaction des besoins fondamentaux est nécessaire à « la construction du sujet dans la plénitude de ses potentialités, du respect de ses droits et au service de son développement et de son accès à l'autonomie »

Il est donc important de reconnaître dans notre État de droit que pour tout être humain, l'injustice fondamentale pour les enfants étant que leurs besoins fondamentaux n'aient pas pu être satisfaits, entravant ainsi leur développement psychoaffectif.

LE BESOIN DE SÉCURITÉ EST DÉFINI COMME UN META BESOIN :

La démarche de consensus qui a donné lieu au rapport de M.B. BLACHAIS définit le besoin de sécurité comme un méta besoin. Ce terme de méta besoin signifie qu'il englobe la plupart des autres besoins fondamentaux qui doivent impérativement être satisfaits pour permettre l'acquisition de ce besoin fondamental.

Le besoin de sécurité comme Méta besoin comprend plus précisément la satisfaction de trois autres besoins fondamentaux :

- **Les besoins physiologiques et de santé**

- **Les besoins de protection** (donc vis-à-vis de toutes les formes de maltraitances, violences psychologiques, physiques, sexuelles, violences conjugales, négligences et protections contre les dangers et les traumatismes extérieurs)

- **Les besoins affectifs et relationnels**. C'est ce que nous allons voir au travers des théories de l'attachement.

L'acquisition d'une base interne de sécurité (sentiment de sécurité) conditionne tout le reste du développement de l'enfant (individuation, autonomisation, socialisation, développement des compétences, construction de la personnalité…)

Le besoin de sécurité affective va dépendre de l'instauration d'une relation avec une figure d'attachement sécurisante, il s'agit souvent de la mère ou de son substitut qui va avoir une fonction maternelle et qui est une personne qui prend soin de l'enfant en étant stable, prévisible, disponible, accessible, sensible aux messages émis par l'enfant, capable de comprendre ses tensions et de l'apaiser.

Il existe d'autres besoins fondamentaux universels :

- Besoin de faire des expériences et de pouvoir explorer le monde,

- Besoin de stimulations, comme le « bain de langage » pour le bébé puis pendant toute l'enfance des stimulations physiques et intellectuelles adaptées à l'âge,

- Besoin d'avoir des rythmes réguliers, car un environnement stable permet à l'enfant de construire sa pensée et la causalité par l'anticipation,

- Besoin de jeu qui permet à l'enfant d'apprendre à faire semblant et à symboliser,

- Besoin d'un cadre de règles et de limites. Ces limites doivent être cohérentes, bienveillantes, adaptées et il est fondamental qu'elles ne soient pas coercitives ou abusives. Ceci va participer au fait que l'enfant puisse intégrer le principe de réalité,

- Besoin d'estime de soi et de valorisation de soi, d'être reconnu, aimé,

- Besoin d'appartenance à un groupe familial,

- Besoin d'un référent miroir qui soit capable de s'identifier à l'enfant, de comprendre et de restituer ses mouvements internes, ses émotions.

- Besoin d'un référent soutien psychique, c'est-à-dire d'une figure parentale capable d'apaiser les tensions et de réguler le stress de l'enfant. Cette fonction qui est assurée par la figure d'attachement exige donc la transformation des émotions brutes ressenties par l'enfant petit et leur restitution sous forme de gestes et de paroles apaisantes (ce que Bion nomme la fonction alpha).

LA THÉORIE DE L'ATTACHEMENT AUX ORIGINES

Les besoins de sécurités affective et relationnelle ont été parfaitement décrits par la clinique et la théorie de l'attachement. Il faut comprendre que c'est un savoir qui est établi depuis 1951 (rapport OMS, John Bowlby) et qui repose sur des centaines de travaux scientifiques qui se poursuivent toujours à l'heure actuelle. Nous rappellerons ici les précurseurs de cette notion :

RENÉ SPITZ :

Il a été le 1er à s'intéresser à la relation d'attachement du nourrisson et à observer leur détresse en situation de carence affective et relationnelle lors de prises en charge institutionnelles. Il va construire le concept d'hospitalisme en 1945. Il s'agit d'un syndrome développé par des nourrissons dont la prise en charge s'en tenait seulement à la satisfaction des besoins physiologiques sans engagement relationnel d'un adulte identifié et stable. Spitz constate alors que ces bébés évoluent vers un état de détresse qui est réversible s'il ne s'éternise pas et qu'il nomme la dépression anaclitique du nourrisson. S'il se prolonge il s'ensuit un phénomène de marasme, physique et psychique qui se conclue par la mort pour un tiers des bébés observés... Spitz observe l'irréversibilité des troubles graves ont été induits par la déprivation maternelle dans les premiers mois de la vie du nourrisson en institution (SPITZ, 1949).

JOHN BOWLBY:

Psychanalyste d'enfants et pédopsychiatre il va poursuivre les observations précédentes et fonder la théorie de l'attachement. Il voulait comprendre pourquoi la séparation d'un jeune enfant entraînait une telle détresse. Les explications théoriques de l'époque, essentiellement psychanalytiques, sur la nature du lien mère/bébé sont insatisfaisantes pour lui et il s'éloigne de Freud pour qui les seuls besoins primaires sont ceux du corps, l'attachement de l'enfant n'étant qu'une pulsion secondaire qui s'étaye sur le besoin primaire de nourriture. Il définit alors l'attachement comme « le produit des comportements qui ont pour objet la recherche et le maintien de la proximité d'une personne spécifique » (Bowlby, 1969). Pour lui c'est un besoin social primaire et inné d'entrer en relation avec autrui.

Le nouveau-né dispose d'un répertoire de comportements instinctifs (s'accrocher, sucer, pleurer, sourire) qui vont pouvoir être utilisés au profit de l'attachement. Après 7 mois, une relation d'attachement, franche et sélective, à une personne privilégiée, s'établit. Bowlby parle alors de monotropisme, c'est-à-dire d'une seule et unique relation (BOWLBY, 1969).

Bowlby montre que les comportements d'attachement et d'exploration sont interdépendants : ce n'est que quand ses besoins de proximité sont satisfaits que l'enfant peut s'éloigner de sa figure d'attachement pour explorer le monde extérieur. L'attachement va bel et bien servir l'autonomie et non la dépendance (BOWLBY, 1969).

En d'autres termes, on ne peut se détacher que si l'on a été préalablement bien attaché. Donc la capacité ultérieure à se séparer est fortement influencée par l'établissement des premiers liens d'attachement et le développement de la sécurité interne.

Bowlby aborde la question des carences affectives et effectue des recherches. À l'instar de Spitz, il constate chez les enfants et des adolescents de son étude la présence d'un « caractère indifférent » qui serait la conséquence d'une séparation aussi bien précoce que prolongée d'avec la figure maternelle ou son substitut. Il observe que la satisfaction du besoin de continuité avec la mère, ou son substitut qui constituent une base de sécurité pour son enfant est essentielle pour que le bébé et l'enfant petit puissent construire une sécurité interne.

Les conclusions du rapport de Bowlby, qui avaient été commandées par l'OMS en 1951 ainsi que ses nombreux travaux ultérieurs sur l'attachement ont parfaitement montré les effets de la déprivation maternelle et l'importance de la continuité relationnelle pour un jeune enfant. Ces travaux ont, depuis, inspiré les pratiques institutionnelles telles que les hospitalisations pédiatriques, les modes d'accueil en crèche ou les soins en orphelinat dans le monde occidental.

MARY AINSWORTH

L'apport de Mary AINSWORTH sur la qualité de l'attachement demeure encore aujourd'hui incontournable (AINSWORTH, 1969).

En 1969, Mary Ainsworth met au point une procédure empirique appelée situation étrange (strange situation) afin de mesurer les comportements d'attachement ; il s'agit d'une procédure expérimentale de séparation et de retrouvailles avec la mère auquel un contact avec une personne non familière appelée « l'étrangère » est programmé pendant le temps de séparation. Une observation fine des réactions de l'enfant, en particulier lors de la séparation, du contact avec l'étrangère puis des retrouvailles avec la mère est réalisée. Les manifestations d'anxiété et d'évitement notamment, renseignent ainsi le chercheur sur la qualité de la sécurité de l'enfant.

Les liens d'attachement (sécurisés ou insécurisés) seront classés par Mary Ainsworth en 3 groupes qui sont :

- **Le type sécure** : il s'agit du type d'attachement optimal
- **Les types insécures ambivalents et évitants (fuyants)**

Un quatrième type de liens insécurisés (Insecure) dit désorientés-désorganisés (Groupe D) sera ajouté par Main, Kaplan et Cassidy en 1985.

Ces descriptions montrent qu'il existe différents types d'attachement de l'enfant à ses parents et que ces attachements peuvent entraîner des troubles.

Les enfants sécures vivent bien la séparation, sans se sentir menacés, sans angoisse et les retrouvailles se font sans ambivalence, de manière chaleureuse.

Pour les enfants insécurisés, les séparations et les retrouvailles vont être infiltrées par l'angoisse et être à l'origine des réactions de défense. Certains vont être dans l'évitement de tout contact, coupé des relations et indifférents (liens insécures évitants du Groupe A) tandis que d'autres vont manifester une grande détresse (liens insécures résistants ou encore ambivalents du Groupe C) avec à la fois un besoin de contact, mais une colère et une détresse qui les empêchent de se laisser consoler. On peut comprendre que ces enfants résistent à la relation, car ils présupposent du fait de leurs expériences antérieures qu'elle n'est pas fiable. Ils sont pris entre la peur du contact qui est angoissant, et la peur de la solitude s'ils n'essayent pas d'établir un contact avec le parent. Enfin les liens insécurisés de type désorientés-désorganisés du Groupe D traduisent eux une bien plus grande désorganisation psychique relationnelle. Ces enfants ont des comportements dans les liens qui peuvent apparaître incohérents traduisant une désorganisation dans les affects. Il s'agit pour beaucoup d'entre eux d'enfants victimes de maltraitance ou qui ont été témoins de violence. Il faut surtout retenir que cet attachement désorganisé représente une vulnérabilité en soi qui est prédictive de troubles cognitifs, émotionnels et du comportement ultérieurs.

Ces signes sont très importants à repérer, car ils témoignent de la souffrance psychique de l'enfant dans ses liens à sa figure d'attachement principale qui n'est pas assez stable ct rassurante pour lui, soit du fait de sa discontinuité physique ou psychique soit du fait de son inadéquation à ses besoins. En d'autres termes, ces enfants ont subi des pertes ou des inadéquations de la figure d'attachement qui ont créé des traumatismes psychiques souvent précoces.

PRÉVALENCE ATTACHEMENT (SECURISES OU INSECURISES) EN PROTECTION DE L'ENFANCE

La prévalence des différents types d'attachement mère-enfant est :

- Dans la population générale : 60 % sont sécures, 40 % insécures (dont 20 % évitants, Ambivalent/Résistant dans 10 % des cas et désorganisés aussi dans 10 % des cas) (GUEDENEY, 2010), p 24-26.

- Parmi les enfants placés en famille d'accueil : 46 % des enfants sont sécures, mais 42 % ont un attachement désorganisé (SAVARD, 2010)

- Il est aussi à noter que dans les populations d'enfants accueillis dans le médico-social ct en particulier en ITEP, enfants souvent diagnostiqués « états limites » la plupart des enfants présentent des troubles des liens d'attachement que nous pouvons qualifier d'attachement insécures.

L'ATTACHEMENT, UN CONCEPT TOUJOURS ACTUEL

Nicole GUEDENEY indique que le bébé traverse de « véritables états de détresse », et quand il « ressent la destruction psychophysiologique liée à la faim, au froid ou au sommeil, il ne pleure pas pour se faire les poumons comme on l'entend encore dire trop souvent. Il pleure pour signaler son malaise et pour appeler à l'aide. L'enfant qui a peur tend les bras vers sa figure d'attachement. L'enfant qui a du chagrin demande à être tout proche de sa figure d'attachement pour être consolé : ce n'est ni un caprice ni du cinéma. » (GUEDENEY, 2010)

C'est ainsi que j'ai été amenée à recevoir une jeune fille de 15 ans pour insécurité, anxiété majeure, angoisses de séparation et phobie scolaire qui évoluaient depuis la toute petite enfance. L'entretien avec sa mère mit en lumière qu'elle avait beaucoup laissé pleurer sa fille bébé sur les conseils de sa mère qui était une professionnelle et lui avait enseigné qu'un « bébé ça ne travaille pas, ça ne fait pas de sport et ça ne fait pas l'amour alors il faut bien qu'il se dépense en pleurant ! ». L'insécurité qu'a ensuite présentée cette enfant fut sans appel… Le bébé est dans un véritable état de détresse auquel il faut absolument répondre et le plus rapidement possible, car il ne dispose pas des moyens de s'apaiser tout seul.

Seule la proximité d'avec la figure d'attachement peut éteindre l'angoisse ressentie.

La figure d'attachement principale, appelée aussi « care giver », va permettre par sa proximité émotionnelle et sensorielle, par la relation qu'elle engage avec l'enfant, la construction d'un cadre dans lequel le nourrisson vit ses premières sensations et expériences, et avec le soutien de l'adulte construit un sens et s'organise psychiquement. Cette figure d'attachement apaise le bébé et ce réconfort permettra au bébé « d'associer à cette proximité un vécu émotionnel de sécurité », d'intérioriser ces bons vécus pour assurer sa sécurité de base et renforcer son attachement. Une fois constituées, les figures d'attachement primaire, deviennent « spécifiques, irremplaçables et donc non interchangeables. » (GUEDENEY, 2010)

L'enfant sécurisé va pouvoir explorer son environnement et en cas de stress revenir vers sa figure d'attachement pour qu'elle lui permette de retrouver un sentiment de sécurité. Nicole GUEDENEY utilise l'image de l'avion et du porte-avions. L'enfant est comme un avion qui va explorer le monde, mais quand il en a besoin il peut revenir sur le porte-avion maman, son havre de sécurité. Un attachement sécure permet donc la construction d'un sentiment interne de sécurité et de confiance et exerce une fonction de pare-excitation importante pour l'enfant.

Le système d'attachement joue un rôle essentiel dans la régulation du stress. Il agit comme une véritable prothèse psychique sans laquelle l'enfant n'a pas les moyens d'éteindre le circuit du stress. Amputé de son système de régulation du stress, son développement psychique sera compromis.

Comme le souligne N. GUEDENEY, « le besoin de proximité (ou d'attachement) varie en fonction de l'âge de l'enfant, en fonction du développement de ses capacités cognitives et des réponses de l'environnement aux essais d'obtention de réconfort. »

LES BESOINS DE L'ENFANT FACE AUX TRAUMATISMES DE SÉPARATION ET LES THÉORIES PSYCHANALYTIQUES ?

Un des grands précurseurs de l'étude de la relation mère/bébé fut sans aucun doute le pédiatre psychanalyste D. WINICOTT qui a développé les concepts fondamentaux de « préoccupation maternelle primaire », et de « holding ». En reconstituant la matrice biologique mère-nourrisson, la « préoccupation maternelle primaire » permet à la mère de s'identifier intuitivement à son nourrisson pour connaître ses affects et répondre à ses besoins. La constance de la mère, sa fiabilité, ses capacités d'identification au nourrisson, sa capacité d'accueillir les projections pour leur donner réalité constituent le holding de « la mère suffisamment bonne ». En d'autres termes il s'agit de la capacité d'utiliser l'objet et de se laisser utiliser (1969), la nécessité d'une mère suffisamment malléable.

Son concept « d'espace transitionnel » tient une place centrale dans les processus de séparation psychique et d'individuation de la théorie du développement précoce. Aux origines il y a un état supposé d'indifférenciation de l'objet et du sujet, encore non séparés (fusion mère/enfant), c'est-à-dire que l'enfant ne se perçoit pas comme un être différencié de sa mère. Cet état évolue jusqu'à la relation d'objet où le sujet devient individué. Pour que cette individuation puisse s'opérer, il faut que l'espace transitionnel grâce à l'acquisition de nouvelles capacités de symbolisation soit en place (D. WINNICOTT, 1975). C'est un apport majeur de Winnicott pour qui l'objet transitionnel (doudou), première possession non-moi, inaugure l'état de séparation. Ensuite c'est la création de l'espace transitionnel qui va remplir sa fonction de symbole d'union entre la mère et l'enfant. Il s'agit d'un espace de jeu et de symbolisation primaire, où l'ambiguïté est acceptée, sans clivage entre le sujet et l'objet (1951) ;

Il faut aussi que l'enfant puisse bénéficier d'une expérience « suffisamment bonne » du narcissisme primaire grâce à la préoccupation maternelle primaire[2] (1956) qui permet au nourrisson de vivre son omnipotence et de créer ses objets subjectifs ;

Les mouvements de séparation entre le moi et le non-moi (la mère) sont rendus tolérables grâce à la permanence « *du sentiment continu d'exister* » (quand la mère s'absente, le bébé ne se sent plus disparaître) et l'intégration de la permanence de l'objet (quand l'autre n'est pas là il n'a pas disparu, il continue d'exister, ailleurs. C'est le moment où le bébé est capable de retrouver le cube qu'on a caché sous une serviette par exemple, il sait que ça ne disparaît pas. Mais il faut avant tout comprendre que c'est la continuité et la disponibilité de l'objet d'attachement qui va apporter à l'enfant la permanence de son sentiment continu d'existence, toute discontinuité, rupture trop longue est susceptible d'entraver ce processus.

Dans le même temps que les mouvements de séparation s'opèrent, D.W. WINNICOTT remarque qu'en réalité « on peut dire que la séparation est évitée, grâce à l'espace potentiel » (WINNICOTT, 1975). Ainsi, on pourrait dire aujourd'hui que l'espace potentiel atténue la douleur de la séparation et lui évite une effraction traumatique.

---

[2] Une expérience « suffisamment bonne » du narcissisme primaire grâce à la préoccupation maternelle primaire (1956) qui permet au nourrisson de vivre son omnipotence et de créer ses objets subjectifs. En reconstituant la matrice biologique mère-nourrisson, la « préoccupation maternelle primaire » permet à la mère de s'identifier intuitivement à son nourrisson pour connaître ses affects et répondre à ses besoins. La constance de la mère, sa fiabilité, ses capacités d'identification au nourrisson, sa capacité d'accueillir les projections pour leur donner réalité constituent le holding de « la mère suffisamment bonne ». « (…) Ce que j'ai appelé « l'objet subjectif » se relie progressivement aux objets perçus objectivement, mais ce processus n'intervient que si un apport suffisamment bon de l'environnement ou l'environnement moyen sur lequel on peut compter permet au bébé d'être fou – fou de cette manière particulière qui lui est concédée »… « L'acceptation du paradoxe lors de ce moment privilégié où par exemple, un bébé crée un objet, mais ou cet objet n'aurait pas été créé s'il n'avait déjà été là. » (WINNICOTT, 1975)

Il convient de prêter véritablement attention au fait que la psyché du nourrisson est sensible au facteur temps et que l'absence de la figure d'attachement en cas de besoin va entraîner des angoisses agonistiques, désorganisatrices chez l'enfant et donc infliger des traumatismes psychiques du fait du débordement des excitations. Ces traumatismes de séparation portent atteinte aux catégories du primaire et de l'originaire et ainsi, ils affectent les processus de symbolisation, créent des atteintes précoces du Moi et des blessures d'ordre narcissiques. Plus précisément, ils perturbent gravement l'organisation même de l'économie pulsionnelle, la symbolisation et, par voie de conséquence, l'autonomie du Moi.

LES BESOINS DE L'ENFANT POUR ACCÉDER A LA SEPARATION SANS TRAUMATISME

L'enfant a besoin pour se séparer sans risque traumatique :

- d'un équipement psychique qui lui permette la séparation, donc l'enfant doit avoir acquis des capacités suffisantes de symbolisation de la perte, de l'absence et d'un accès à un espace transitionnel.

- de liens d'attachement sécures c'est-à-dire qu'il a investi une ou plusieurs figures d'attachement au travers de liens qu'il a pu intérioriser, donc qu'il possède en lui des représentations de ces figures d'attachement de bonne qualité, stable et fiable.

- d'une accessibilité vis-à-vis de ces figures d'attachement dans la réalité en fonction de ses besoins, donc que les séparations ne soient pas trop longues, sans quoi elles risquent d'induire des traumatismes. C'est d'ailleurs une des problématiques observées dans les gardes alternées.

En d'autres termes mieux on est attaché et mieux on se sépare.

MODALITÉS DE LIEN PRÉCOCES ET TRAUMAS RELATIONNELS CONDITIONNENT LES LIENS FUTURS

Il est important de souligner que les modalités de lien et les traumatismes relationnels vont conditionner les modalités de liens futurs. L'enfant intériorise les relations et les interactions qu'il a avec ses proches et il se forge ainsi des représentations de ces modèles relationnels, mais aussi du monde extérieur et de soi à l'intérieur de ce monde. Ces représentations vont ensuite conditionner les relations sociales futures de l'enfant qui percevra le monde au travers du prisme de ses propres représentations. Ainsi, tous les traumatismes relationnels vont venir impacter les modalités de liens ultérieurs.

L'établissement chez l'enfant d'un attachement insécure et les stratégies défensives qui l'accompagnent constituent donc un risque majeur pour les relations ultérieures et pour son développement. Des modalités relationnelles défensives vont être la méfiance relationnelle, l'évitement du lien, la répétition de ruptures relationnelles, la répétition traumatique de modalités de liens dangereux en particulier à l'adolescence… C'est ce que nous voyons très régulièrement chez les enfants placés qui ont souvent vécu de tels traumatismes relationnels, mais aussi chez les enfants et les adolescents que nous accueillons en ITEP et qui présentent aussi ces types de liens insécures assortis de ce type de modalités défensives.

LES TROUBLES PROVOQUES PAR LA NON-SATISFACTION DU BESOIN FONDAMENTAL D'ATTACHEMENT

- Très fréquemment c'est l'insécurité qui est au premier plan. Elle correspond à des troubles post-traumatiques consécutifs aux arrachages, séparations traumatiques et ruptures dans la continuité de la relation à la figure d'attachement principale (mère dans la grande majorité des situation). Et l'attachement insécure se manifeste donc le plus souvent vis-à-vis de la mère : les enfants manifestent leur détresse lors des retrouvailles ou leur refus de contact, car ils ont peur du rejet et de l'imprévisibilité de cette mère qui disparaît régulièrement. Ceci se traduit fréquemment au-delà des difficultés présentées dans les liens d'attachement par des troubles du sommeil en particulier des difficultés à dormir seul, une anxiété de séparation, mais aussi une anxiété généralisée, des phobies multiples, une dépendance affective et relationnelle…

- Une atteinte cérébrale due au stress (sécrétion de cortisol) quantitative et qualitative : touche l'amygdale cérébrale (centre de régulation des émotions, de l'agressivité et qui est le siège des flashs backs violents).

- L'atteinte de l'exploration du monde et l'impossibilité à réguler ses émotions entraînent des atteintes de la pensée, des capacités d'apprendre et de la socialisation. Certains enfants seront entravés dans leur intégration scolaire en milieu ordinaire et seront orientés vers des milieux spécialisés (IME, ITEP…)

- La discontinuité de la figure d'attachement est susceptible d'induire des hyperactivités avec trouble attentionnel ainsi que les nombreux troubles dus à l'insécurité et aux traumatismes consécutifs provoqués par ces manques (troubles dans les familles négligentes, enfants en résidence alternée précoces…)

- Des troubles relationnels tels que méfiance, indépendance à tout prix, refus d'aide et d'engagement relationnel, désorganisation et instabilité dans les liens…

- Violence sous toutes ses formes.

- Troubles psychiatriques, addictions, TS, dépression…

En conclusion, je souhaiterais souligner l'importance de respecter l'enfant dans son rythme propre qui n'est pas le rythme des adultes.

La théorie de l'attachement nous est essentielle pour comprendre et soutenir les enfants dans leur développement, pour adapter nos pratiques et nos prises en charge soignantes, pour orienter les parents. Il serait important que les besoins de continuité de l'enfant puissent être suffisamment entendus par toutes les institutions et nos politiques. C'est ainsi que la loi de mars 2002 qui a consacré la résidence alternée à la demande des associations de pères a totalement dénié les besoins d'attachement de l'enfant. J'ai fait partie des pionniers qui ont osé dénoncer ces aberrations, mais nos alertes n'ont pas été prises en compte. Et aujourd'hui nous en payons les frais avec des enfants devenus adolescents et qui présentent de manière massive ces troubles de l'attachement. Puisse ces quelques lignes permettre de recentrer le débat sur les besoins de l'enfant et de cesser de les confondre avec les besoins narcissiques de certains adultes.

BIBLIOGRAPHIE

AINSWORTH, M. D. 1969, *Attachment and exploratory behaviour of one-year-olds in a strange situation, Determinants of infant behaviour.* London : B.M. Foss.

BOWLBY, J. 1969, *Attachment. Attachment and loss*, Vol. 1. New York : Basic Books.

GUEDENEY, N. 2010, *L'attachement, un lien vital*, Paris, Fabert. Récupéré sur https://www.yapaka.be/files/publication/TA_Lattachement_un_lien_vital_WEB.pdf

MARTIN BLACHAIS, M. P. 2017, *Démarche de consensus sur les besoins fondamentaux de l'enfant en protection de l'enfance.* Récupéré sur https://www.cnape.fr/documents/publication-du-rapport-de-la-demarche-de-consensus-sur-les-besoins-de-lenfant/

SAVARD, N. 2010, La *théorie de l'attachement, une théorie conceptuelle au service de la protection de l'enfance.* Paris, ONED.

http://www.onpe.gouv.fr/system/files/publication/dossierthema
tique_theoriedelattachement_5.pdf

SPITZ, R. A. 1949, Hospitalisme : une enquête sur la genèse des
états psychopathiques de la première enfance. *Revue française de
psychanalyse*, 13(3), p. 397-325.

WINNICOTT, D. W. 1975, *Jeu et Réalité. L'espace potentiel*, Paris,
Gallimard.

LE TRAUMATISME PSYCHIQUE ET LES FACTEURS DE SURVICTIMISATION

Alexandra RHODES

Trauma et traumatisme sont des termes initialement utilisés en médecine et en chirurgie. Un trauma signifie en grec ancien une « blessure » ; le traumatisme, du grec ancien « *traumatismos* », renvoie à l'action de blesser et porte plutôt sur les conséquences sur l'ensemble de l'organisme d'une lésion résultant d'une violence extrême. Transposé en psychopathologie et pour éviter toute confusion entre un traumatisme physique, le terme de « traumatisme psychique ou psychotraumatisme » est employé. De manière générale, on considère que le traumatisme psychique est un phénomène d'effraction du psychisme par un évènement externe, soudain, brutal qui provoque un débordement des capacités du Moi par les excitations violentes liées à l'arrivée de l'évènement agressant ou menaçant pour l'intégrité physique et/ou psychique du sujet.

On tend aujourd'hui à parler d'« *évènement traumatogène* » afin d'inclure le vécu subjectif de la personne qui a subi un évènement potentiellement traumatique et pour ne pas réduire l'évènement traumatisant à une simple action mécanique sur le sujet. L'impact de l'évènement potentiellement traumatique est variable d'un individu à un autre.

LES REPÉRAGES HISTORIQUES DU TRAUMA

Louis CROCQ (1999), Psychiatre, Docteur en Psychologie et ancien Médecin Général des Armées a retracé quatre périodes dans l'histoire de la pathologie traumatique.

LA PÉRIODE DES « PRÉCURSEURS »

Elle s'étend de l'Antiquité à 1880 sous la forme de récits légendaires, de rêves de bataille et d'expressions telles que le « vent du boulet » et le « cœur du soldat ».

Des expériences de terreur face à la mort et des rêves traumatiques étaient présents dans les récits légendaires de l'Antiquité telles que l'Iliade d'HOMERE (900 av. J.-C.). HIPPOCRATE (420 av. J.-C.), XENOPHON (401 av. J.-C.), LUCRECE (55 av. J.-C) rapportaient des rêves de bataille chez les guerriers ; au XVIème siècle, les pièces de SHAKESPEARE (Roméo et Juliette, Henri IV) décrivaient aussi ces rêves de bataille. Au XIXème siècle, Philippe PINEL classait de nombreux cas cliniques en lien avec les frayeurs des événements historiques de la Révolution française et des guerres de l'Empire sous la désignation des « *névroses de la circulation et de la respiration* » en raison de leur sémiologie cardiorespiratoire.

Les médecins des armées napoléoniennes comme Dominique-Jean LARREY, Pierre-François PERCY, René-Nicolas DESGENETTES ont utilisé le terme de « *syndrome du vent du boulet* » pour qualifier les états confuso-stuporeux des combattants secoués par le boulet qui les a frôlés. Pendant la guerre de Sécession américaine (1861-1865), Jacob MENDES DA COSTA, médecin américain, constata une sorte d'anxiété cardiovasculaire liée à l'épuisement et la frayeur qu'il surnomma « *cœur du soldat* ».

LA PÉRIODE DES « FONDATEURS »

Elle est comprise entre les années 1880 et 1900 avec la découverte de l'inconscient traumatique. Jean-Martin CHARCOT a décrit dans ses *Leçons cliniques à la Salpêtrière* (1884-1889) les séquelles psychiques des accidentés des chemins de fer qui se développaient à cette époque. C'est Hermann OPPENHEIM, neurologue allemand qui évoquera en 1888 le diagnostic de « *névrose traumatique* » ; elle sera développée par des auteurs comme Jean CROCQ (1896) en Belgique, Émile KRAEPELIN (1894) et Richard KRAFFT-EBING (1898) en Allemagne.

Dans sa thèse de doctorat sur l'« *Automatisme psychologique* » en 1889, Pierre JANET présente une série de cas d'hystérie ou de neurasthénie traumatique comme résultant d'une dissociation de la conscience avec une partie traumatique brute (perceptions, images) isolée dans un recoin de la conscience provoquant des reviviscences « automatiques », inadaptées et le reste de la conscience qui fonctionne avec des pensées et des actes adaptés.

LA PÉRIODE DES « CONTINUATEURS »

Elle s'étale des années 1900 à 1980 avec les appellations du « *Shell shock* », de la « *névrose de guerre* » et l'apparition de la clinique du traumatisme psychique chez l'enfant. Dans le prolongement de la « névrose traumatique » d'Hermann OPPENHEIM, HONIGMAN, psychiatre allemand volontaire de la Croix-Rouge engagé dans la guerre russo-japonaise (1904-1905), élabore en 1908 le terme de « *névrose de guerre* ». Dans l'Armée britannique, le psychologue consultant Charles MYERS définit en 1916 le « *shell shock* » (choc de l'obus) en référence à une pathogénie commotionnelle. On parlera ensuite de « *psychonévrose de guerre* », car d'autres signes cliniques tels que des symptômes anxieux, neurasthéniques ou hystériques s'y rajoutaient.

Les psychanalystes aux armées comme Sandor FERENCZI, Karl ABRAHAM, Georg SIMMEL ont attribué une signification symbolique aux symptômes conversifs et ils résumèrent les différentes perturbations de la personnalité consécutives au trauma comme un « *ensevelissement de la personnalité* ». La notion de trauma occupe une place centrale en psychanalyse. C'est d'ailleurs en réfléchissant sur les névroses de guerre que Sigmund FREUD, dans son essai « *Au-delà du principe de plaisir* » (1920), élabora sa théorie du trauma comme un phénomène d'effraction du « pare-excitation » par les quanta d'excitation apportés par l'événement et pénétration de ces excitations au sein du psychisme qui procédera ensuite à de vains et réitérés efforts pour les expulser ou les assimiler.

Jusqu'à présent, les constatations du psychotraumatisme et leur conceptualisation n'étaient concentrées que sur le domaine adulte ; les tout-petits et les enfants étaient les grands oubliés de l'Histoire. C'est la Seconde Guerre mondiale qui a attiré l'attention sur les souffrances psychiques des enfants victimes de guerre. Les étiologies traumatiques comprenaient les bombardements, les exodes, l'expérience des camps de concentration, les sentiments de frayeur, d'insécurité et les carences parentales. Anna FREUD et Dorothy BURLINGHAM (1944) sont les premières à s'intéresser aux psychotraumatismes chez les enfants soumis aux bombardements de l'aviation allemande à Londres. Elles constatèrent que les enfants font mieux face traumatisme quand ils sont avec des parents calmes et supportant la situation, mais que toutefois l'aide de l'entourage ne prévient pas des perturbations tardives. Elles identifièrent des mécanismes de défense du Moi tels que le déni, la projection ainsi que l'identification à l'agresseur et elles remarquèrent que l'état psychique de ses enfants était directement corrélé avec la propre réaction de leurs parents notamment avec l'anxiété maternelle post-traumatique.

Également, René SPITZ (1945) a créé le terme d' « *hospitalisme* » pour désigner l'ensemble des perturbations somatiques et psychiques provoquées sur des enfants pendant les 18 premiers mois par un séjour prolongé dans une institution hospitalière où ils sont complètement privés de leur mère. Il a décrit les troubles carentiels provoqués par une interruption de la relation déjà instaurée entre la mère et l'enfant, par une insuffisance dans les échanges affectifs nouveaux et les stimulations (par exemple, un substitut maternel peu satisfaisant ou des substituts multiples) et par une difficulté à s'identifier de fait à une image stable.

John BOWLBY (2002) étudiera le comportement et le développement des enfants séparés de leur famille dans le contexte de l'après de la Seconde Guerre mondiale où les orphelins et les enfants privés de maison présentèrent de nombreuses difficultés. Sa théorie connue sur « *l'attachement* » surgit à partir des questionnements effectués lors de l'élaboration de son travail sur la « *privation maternelle* » en 1951 demandé par L'Organisation des Nations Unies (ONU).

LA PÉRIODE DES « NOVATEURS »

Elle se situe des années 1981 à aujourd'hui avec la conceptualisation du « Post-Traumatic Stress Disorder » et l'arrivée des neurosciences. La guerre du Vietnam (1964-1973) a vu éclore un grand nombre cas de « *post-vietnam syndromes* » où, en sus du trauma, une nostalgie et un recours aux conduites addictives ont complexifié le tableau clinique. Ainsi la névrose traumatique a été réintroduite dans le DSM III (Manuel Diagnostic et Statistique des Troubles Mentaux) parallèlement aux retours des vétérans du Vietnam aux États-Unis d'où elle avait été retirée en 1968 ; elle fut répertoriée sous la désignation de « *Post-Traumatic Stress Disorder* », car le DSM récusait la notion de névrose qui selon les auteurs se rattachait aux facteurs intrinsèques des individus. La notion d'atteinte possible de l'enfant devient seulement explicite dans le DSM III-R en 1987 et dans la CIM-9 en 1989. Depuis, le diagnostic du « *Post-Traumatic Stress Disorder* » s'est élargi aux cas de la violence quotidienne, des accidents et des catastrophes ; il a donné lieu à de nombreuses publications et à la constitution de sociétés scientifiques spécialisées comme l'ISTSS (International Society of Traumatic Stress Studies en 1985) et l'ALFEST (Association de Langues françaises pour l'Etude du Stress et du Trauma en 1991).

L'apparition des neurosciences ouvre d'autres perspectives sur la compréhension du psychotraumatisme avec notamment les notions désormais bien connues de la « *dissociation post-traumatique* » et de la

« *mémoire traumatique* ». Les études mesurant la prévalence du stress post-traumatique dans la population générale sont majoritairement anglo-saxonnes ; sur leurs bases et sur leurs conclusions, le Docteur Muriel SALMONA (2014) explique que la dissociation traumatique « *est due à un mécanisme neuro-biologique de sauvegarde exceptionnel mis en place par le cerveau de la victime pour survivre à un stress extrême* ». Ce mécanisme de sauvegarde implique la déconnexion automatique de l'amygdale cérébrale qui évalue la valence émotionnelle des stimuli sensoriels d'avec le cortex associatif, concerné par les opérations complexes du traitement de l'information, afin de préserver l'organisme d'un risque vital cardiovasculaire ; cette préservation s'effectue au moyen de neurotransmetteurs de type « morphine-like et kétamine-like, endorphines (et autres) », équivalents de « drogues dures » anesthésiantes et dissociantes. La victime se retrouve ainsi coupée de ses perceptions, de ses sensations, de ses émotions et plongée dans une analgésie ainsi qu'une anesthésie émotionnelle. Dans les cas de violences et de maltraitances prolongées, un « *état de dissociation traumatique chronique* » s'instaure au travers du maintien de ce système de sauvegarde ainsi qu'une « *amnésie traumatique* ». Ainsi lorsqu'un enfant décrit des faits violents et maltraitants sans émotion ou qu'il ne manifeste pas de symptomatologie manifeste, il faut vraiment s'interroger sur la possibilité qu'il soit dissocié suite aux chocs traumatiques.

Pour ce qui concerne « *la mémoire traumatique* », elle résulte d'une autre déconnexion de l'amygdale avec l'hippocampe qui est impliqué dans la mémoire principalement épisodique et dans le repérage temporo-spatial. Cette rupture va provoquer d'une part un blocage dans l'intégration de la mémoire émotionnelle des évènements traumatiques au niveau amygdalien et d'autre part une perturbation de leur temporalité sur le plan hippocampique. C'est ainsi que la mémoire traumatique se réactivera à l'occasion de stimuli actuels rappelant les évènements antérieurs.

LES DIFFÉRENTES CLASSIFICATIONS DU TRAUMATISME PSYCHIQUE

La première typologie des traumatismes psychiques a été élaborée en 1991 par Lenore TERR qui a distingué deux classifications : les « traumatismes de type I et de type II ».

Le « traumatisme de type I » est caractérisé par l'exposition à un unique évènement qui est soudain et massif ; par exemple, un attentat ou une catastrophe naturelle (…).

Le « traumatisme de type II » est lié à l'exposition à des évènements répétés ou durables pouvant être alors anticipables.

En 1999, une troisième classification a été évoquée par Eldra SOLOMON et Kathleen HEIDE sous la désignation de « *traumatisme de type III* » qui, lui, regroupe les effets d'évènements multiples, violents et précise qu'ils ont été initiés à un âge précoce et durant une longue période.

D'autres terminologies ont été employées pour catégoriser les traumatismes psychiques. En 1992, Judith HERMAN définit les « *traumatismes simples et complexes* ».

- Les « *traumatismes simples* » reprennent les critères du traumatisme de type I décrit par Lenore TERR.

- Les « *traumatismes complexes* » désignent les symptômes dont souffrent les personnes ayant été victimes d'abus prolongés et répétés tels que des négligences, des maltraitances physiques, psychologiques et dans un contexte de captivité c'est-à-dire sous le contrôle de l'auteur des actes traumatogènes avec une incapacité de fuir.

Ce syndrome a été désigné sous l'abréviation « DESNOS » pour « Disorder of Extreme Stress Not Otherwise Specified » dont l'acronyme en anglais est « Trouble de stress extrême non spécifié ailleurs » ; il est actuellement connu sous le nom de « Syndrome de Stress post-traumatique Complexe ». Ce dernier est défini par la présence du trouble de stress post-traumatique, mais il intègre une constellation de symptômes plus élargis comme une modification de l'état de conscience, une atteinte des fonctions mnésiques, une modification durable de l'identité et une altération des fonctions somato-sensorielles. Ce tableau clinique s'organise autour de la dissociation comme de la rêverie, de la perplexité anxieuse, des épisodes de dépersonnalisation. Cependant, il n'est actuellement pas intégré dans le DSM-V (2015), mais dans la dernière édition 2018 de la CIM-11 (Classification Internationale des Troubles Mentaux et des Troubles du Comportement, Version 11).

Le DSM-V répertorie des critères diagnostiques des troubles liés au stress post-traumatique qui s'appliquent pour les enfants à partir de 6 ans, les adolescents et les adultes.

Ils comprennent les phénomènes suivants :

- Des symptômes envahissants de reviviscences de l'expérience traumatique avec un sentiment intense de détresse psychique tels que des souvenirs involontaires (il est précisé que chez l'enfant de plus de 6 ans, ces souvenirs peuvent prendre la forme d'un jeu répétitif exprimant des thèmes ou des aspects du traumatisme), des rêves répétitifs (chez l'enfant, cela peut s'apparenter à des rêves effrayant sans contenu reconnaissable), des réactions dissociatives comme des flashbacks (pour l'enfant, des reconstitutions spécifiques du traumatisme au cours du jeu) Des réactions d'évitement des stimuli associés à un ou plusieurs évènements traumatiques.

- Des altérations marquées de l'éveil et de la réactivité : un comportement irritable ou des accès de colère ; un comportement irréfléchi et autodestructeur ; une hypervigilance ; une réaction de sursauts exagérée ; des problèmes de concentration ; une perturbation du sommeil.

- Des altérations négatives des cognitions et de l'humeur se sont rajoutées dans cette nouvelle version : une incapacité à se rappeler d'un aspect important du ou des évènements traumatiques ; des croyances ou attentes négatives persistantes et exagérées concernant soi-même, d'autres personnes ou le monde ; des distorsions cognitives persistantes à propos de la cause ou des conséquences d'un ou des évènements traumatiques ; un état émotionnel négatif persistant (crainte, colère, culpabilité, honte).

Des symptômes dissociatifs peuvent être présents ou à expression retardée (six mois après l'évènement) en prenant la forme d'une dépersonnalisation (expériences persistantes ou récurrentes de se sentir détaché de soi, comme un observateur) ou d'une déréalisation (expériences persistantes ou récurrentes d'un sentiment d'irréalité de l'environnement).

Le DSM-V fait état d'une autre codification concernant les critères diagnostiques chez l'enfant de moins de six ans cette fois-ci, mais celle-ci comporte peu de différence notable avec la symptomatologie des adultes. Deux autres catégories « Trouble réactionnel de l'attachement » et « Désinhibition du contact social » pour les enfants entre 9 mois et 5 ans sont décrites pour les formes extrêmes d'insuffisance ou de carences de soins ; elles se centrent sur leurs modalités relationnelles et émotionnelles ainsi que leurs perturbations.

Cependant la modélisation du DSM-V présente des insuffisances pour rendre compte de la clinique bien spécifique du traumatisme psychique chez l'enfant et l'adolescent. Ainsi les manifestations psychosomatiques ne bénéficient pas d'attention ; des affections dermatologiques (eczéma, pelade…), respiratoires (asthme, bronchite…) associées à d'autres plaintes somatiques (céphalées, douleurs abdominales…) peuvent surgir après des évènements traumatiques.

Une étude de SCHEERINGA, ZEANAH et Collaborateurs (1995) sur l'applicabilité des critères diagnostiques du DSM-IV de l'état de stress post-traumatique au cas particulier des enfants âgés de moins de six ans constatait déjà que près de la moitié des critères diagnostiques nécessitaient un niveau de langage suffisant pour décrire le vécu et les émotions ce qui remettait en question l'emploi de ces critères auprès de ces jeunes enfants.

Une autre étude plus récente menée par l'Université de Liverpool[3] sur l'analyse des cinq chapitres clefs du DSM-V, notamment les troubles liés aux traumatismes, a souligné parmi ses conclusions que presque tous les diagnostics masquent le rôle du traumatisme et ses effets indésirables. Kate ALLSOPP, chercheuse principale de l'Université de Liverpool, précise qu'il est nécessaire de prendre en compte les traumatismes et autres expériences négatives de la vie lors du diagnostic.

La CIM-10 a inclus le syndrome de stress post-traumatique complexe (SSPT-C) qu'elle définit comme « un trouble susceptible de se développer *suite à un événement ou à une série d'événements de nature extrêmement menaçante ou horrible. Il s'agit, le plus souvent, d'événements prolongés ou répétitifs, durant lesquels l'action de s'échapper était difficile ou impossible (exemples : torture, esclavage, génocide, violence domestique prolongée, abus physiques et/ou sexuels répétés durant l'enfance). Le trouble provoque des déficiences significatives dans les domaines personnel, familial, social, éducatif, professionnel,* et aussi dans d'autres domaines importants pour le fonctionnement. »

LA CLINIQUE DU TRAUMATISME PSYCHIQUE CHEZ L'ENFANT

Différents types de facteurs sont susceptibles de modifier l'expression clinique des troubles.

Les effets délétères d'un ou des évènements traumatiques reposent à la fois sur des critères objectifs tels que la nature de la violence et sa gravité, le temps ainsi que la fréquence d'exposition, l'origine humaine ou intentionnelle (TRICKEY D., SIDDAWAY A.P., MEISER-STEDMANN R., SERPELL L., FIELD A.P., 2012 ; TERR LC., 1995) et sur des critères subjectifs axés sur la perception de l'évènement en fonction de l'âge de l'enfant. L'identification des

---

[3] https://neurosciencenews.com/meaningless-psychiatric-diagnosis-14434/amp/

signes cliniques spécifiques du trouble chez l'enfant doit vraiment reposer sur une perspective développementale.

LES FACTEURS OBJECTIFS

- **La nature et la gravité de l'expérience traumatique**

Les évènements traumatiques n'auront pas les mêmes conséquences sur l'enfant en fonction de leurs natures. Être confronté à la violence d'un désir sexuel adulte incompréhensible pour l'enfant n'est pas du même niveau qu'une rencontre manquée avec la mort pour lui ou pour un proche. La notion d'intentionnalité de la violence perpétrée par un ou des parents ou une personne de confiance revêt un caractère plus traumatique que celle accidentelle dans le sens où elle constitue une attaque de ses croyances sur le monde, sur les autres et à ce qui fonde son identité.

La mort d'un parent ou d'une personne importante affectivement pour l'enfant reste toujours une épreuve de perte immense pour celui-ci, mais cet évènement ne peut être du même ressort traumatique que celui des violences sexuelles surtout si elles sont perpétrées par un proche de confiance et que le degré d'imposition est élevé. La maltraitance physique et psychologique laissera encore plus d'empreintes psychotraumatiques si les violences sont graves et régulières. La négligence parentale provoque des carences affectives considérables et des troubles sévères sur le développement psychoaffectif et physique de l'enfant. De même, la non-satisfaction des besoins de l'enfant doit être considérée comme une violence psychologique.

- **Le temps et la fréquence d'exposition**

L'importance des troubles psychotraumatiques sera davantage marquée si l'expérience traumatique se répète sur une longue période et elle sera plus susceptible de générer une chronicisation de ces troubles.

- **Le degré de proximité avec l'agresseur et la nature intentionnelle de l'acte**

Le psychotraumatisme est plus impactant si l'agresseur occupe une position d'ascendance, d'autorité morale ou s'il entretient une relation de confiance avec l'enfant et il est plus amplifié.

L'EXPRESSION CLINIQUE DES TROUBLES EN FONCTION DU DÉVELOPPEMENT DE L'ENFANT

C'est parce que la personnalité de l'enfant est inachevée qu'elle est plus perméable à l'impact traumatique. L'expression de la symptomatologie psychotraumatique est différente en fonction de l'âge de l'enfant. Sa réaction dépendra de sa compréhension de la situation ou du sens qu'il peut y attribuer et de ses capacités de régulation émotionnelle relative à sa maturation biologique.

- **Chez le bébé**

L'état de stress post-traumatique chez le bébé est un concept nosologique qui est mal reconnu et de fait sous-diagnostiqué en raison d'une absence de langage. Pourtant, une séparation brutale d'avec le parent ainsi que le ressenti de chaos interne qui en résulte sont très certainement similaires à une expérience de confrontation avec la mort pour l'adulte. Le bébé ne peut manifester son vécu traumatique que par le biais corporel qui en devient l'expression symptomatique ; la frayeur et la désorganisation interne se traduisent en signes psychosomatiques.

Mathilde LAROCHE JOUBERT (2019) dénombre une littérature scientifique sur ce sujet : une étude de SCHEERINGA et ZEANAH a mis en évidence la présence d'une mémoire corporelle « *comportementale* » chez les enfants ayant vécu un traumatisme avant l'âge d'un an ; Bernard GOLSE (2012), Pédopsychiatre, Professeur des Universités et Chef du service de Pédopsychiatrie à l'Hôpital Necker, souligne la présence de « *traces mnésiques sensitivo-sensorielles* » très précoces, non symbolisables, c'est-à-dire non-représentables du trauma ; Daniel MARCELLI (2014) remarque des mouvements de retrait, « *de vigilance glacée, somnolence excessive, passivité/inertie massive* » dans la symptomatologie traumatique des bébés ; Lionel BAILLY (2008), psychiatre et psychanalyste, ex-Président de l'ALFEST (Association française pour l'Etude du Stress Traumatique), constate que lorsque l'enfant grandit, l'expérience traumatique revient sous forme de ressentis et de sensations non symbolisées. Ainsi elle résume que « *plus la survenue de l'évènement est précoce, plus le corps va être le lieu d'inscription du trauma et en permettre de l'expression symptomatique.* ».

Des troubles de l'attachement sont constatés dans le cas de perte réelle (un décès, une séparation) par la rupture des liens ou dans celui d'une discontinuité affective (maternage inadéquat et discontinu) par la distorsion des interactions entretenues par les figures d'attachement avec le bébé. Pour Lionel BAILLY (2012), le trauma chez le bébé est une attaque du symbolique, car il touche à des théories infantiles, aux croyances fondamentales et aux lois que le bébé commence à construire dès les premiers mois de la vie. Ces croyances concernent ses figures d'attachement et d'amour comme la présence de la mère ou encore la capacité du père à protéger. L'impact du trauma vient ainsi modifier sa perception même du monde, des adultes, des autres.

Betty GOGUIKIAN (2019) recense une revue d'études sur l'impact du traumatisme chez les tout-petits et chez les enfants. Chez les bébés, des troubles du développement psychomoteur avec régression ou perte des acquisitions, du sommeil, de l'alimentation et de séparation dans la relation mère-enfant sont relevés avant l'âge de deux ans ; des états d'apathie ou d'importante agitation avec des pleurs, des cris ininterrompus et des peurs sont aussi retrouvés (BAUBET T., TAÏEB O, PRADERE J, MORO MR., 2004).

- **Chez l'enfant d'âge pré-scolaire (Betty GOGUIKIAN, 2019)**

En dessous de l'âge de quatre ans, l'enfant ne dispose pas d'un vocabulaire suffisant pour exprimer verbalement son ressenti ou son vécu interne à la suite d'un événement traumatique. La symptomatologie prend la forme de jeux ou de dessins répétitifs rejouant de manière compulsive des aspects de l'événement traumatique, de cauchemars et de grandes peurs. Il peut « *développer des réactions d'évitement actif de toute situation pouvant rappeler l'événement traumatique»* ou avoir *« des comportements agités, désorganisés, de retrait, de sidération et de mutisme »* (GOGUIKIAN B., 2019, p.34-35).

- **Chez l'enfant d'âge scolaire (Betty GOGUIKIAN, 2019)**

Des études montrent que le psychotraumatisme se manifeste par un gel affectif ou des affects dépressifs, par une faible estime de soi, par un désintérêt pour les activités scolaires, par un retrait social ou des attitudes provocatrices qui conduisent à un rejet de ses pairs, par des signes d'hypervigilance avec des troubles de l'endormissement, des terreurs et des réveils nocturnes, des fréquentes réactions de sursaut, d'intenses angoisses de séparation et un développement de nouvelles peurs, par des difficultés de concentration, des crises de colère, des comportements sexuels inadaptés pour l'âge ; l'abord psychosomatique se caractérise par des régressions développementales comme l'énurésie et par des symptômes dermatologiques, intestinaux entre autres (DEWUFF A.C., VAN BROECK N., PHILIPPOT P., 2006 ; SCHEERINGA M.S., ZEANAH C.H., MYERS L., PUTNAM F.W., 2003 ; BAUBET T., TAÏEB O., PRADERE J., MOROI M.R., 2004).

Selon Delphine COLLIN-VEZINA (2019), Directrice du Centre de Recherche sur l'enfance et la famille à l'Université McGill au Canada, les séquelles du trauma complexe se regroupent sous 7 grands domaines :

- L'attachement : l'enfant traumatisé peut adopter un attachement évitant, anxieux (insécurité affective, dépendance aux autres) et désorganisé (alternance de modes relationnels).

- La biologie : en raison d'une trop grande quantité d'hormones du stress, leur système de réponse au stress devient hyper ou hypo réactif et les processus mnésiques sont altérés.

- La régulation des affects : elle concerne une difficulté à identifier et distinguer ses émotions, une déconnexion face à des expériences positives.

- La dissociation : elle se manifeste par une amnésie, une perturbation du concept de soi, des changements rapides de l'humeur et du comportement, des difficultés d'accès aux compétences et aux apprentissages, un maintien de compagnons imaginaires.

- La gestion du comportement : elle se traduit par un manque de contrôle pouvant être externalisé ou inhibé.

- La cognition : les enfants impactés par un traumatisme peuvent avoir du mal à s'adapter aux activités, à s'organiser, à comprendre ce sur quoi s'organiser.

- Le concept de soi : une image négative d'eux-mêmes, une utilisation du mensonge, une méconnaissance de leurs qualités et défauts, une auto-attribution d'échecs font partie d'un concept de soi biaisé par le ou les traumatismes.

Quel que soit l'âge de l'enfant, plus il est soumis à des stress chroniques, cumulés, de nature intentionnelle et de façon précoce et plus les conséquences psychologiques sont de longue durée.

Dans son livre « *Les traumatismes relationnels précoces* », Emmanuelle BONNEVILLE (2015) s'est intéressée au fait que les enfants victimes de maltraitances et de négligences parentales (pathologies psychiatriques des parents, violences conjugales, incapacité de répondre et de reconnaître les besoins de leurs enfants, dysparentalité sévère), pourtant exclus de leur environnement familial en étant placés en institution, n'étaient pas pour autant protégés d'une répétition de la violence ; elle considère que *« la violence reste un organisateur pathologique de leur relation au monde, aux autres et à eux-mêmes malgré les bons soins et les meilleures intentions de leurs pédagogues, éducateurs, thérapeutes et entourage affectif »*. Également elle constate que leurs réactions d'agressivité, de rejet, de provocation ou de séduction amènent leur environnement soignant à être « contaminé » par leurs réactions et à avoir des attitudes violentes contre toute éthique. Selon elle, les vécus traumatiques de ces enfants relèvent d'une part de l'échec des interactions précoces qui seraient issues de la rencontre avec les distorsions graves des fonctions et capacités parentales et de l'état de vulnérabilité extrême dans lequel se trouve le nourrisson ; d'autre part de la mise en place de défenses pathologiques et des défaillances sévères de leur psychisme. Elle met en évidence un déficit dans la construction identitaire qui prend la forme de distorsions narcissiques tel qu'un retrait autistique et psychotique comprenant des attitudes de retrait et d'évitement des réalités internes et externes et des défaillances de liaison intrapsychique ainsi que d'élaboration signifiante (symbolique) et fantasmatique. La répétition de comportements pathologiques leur permettrait entre autres d'éviter un envahissement d'angoisses non canalisables en raison d'un système de pare-excitations défectueux. Ainsi par leur fonctionnement et en rejouant ces mêmes attitudes, ces enfants se retrouvent très souvent exclus, rejetés et victimes à nouveau de maltraitances.

Plusieurs mécanismes de défense psychiques sont mis en œuvre comme moyen de survie tels que le déni, le refoulement, l'identification projective, la dissociation du Moi. Ces modalités défensives lorsqu'elles sont utilisées de façon massive peuvent provoquer une désorganisation de la pensée et des troubles de la personnalité. Parmi celles-ci, nous retiendrons principalement :

- Le Clivage du moi qui est une division entre l'expérience d'effroi et la partie saine du moi protégée de l'impact traumatique. Cependant poussé à l'extrême et utilisé fréquemment, il peut devenir pathologique en étouffant les émotions et en créant une confusion identitaire ; paradoxalement, l'adaptation à la réalité devient une inadaptation à la vie sociétale.

- L'identification à l'agresseur est un mécanisme de défense important à comprendre parce que c'est par son adhésion que l'on retrouve des anciennes victimes dans les cabinets des Juges pour Enfants ultérieurement pour des faits de délinquances, d'agressions.

Comment de persécutés, deviennent-ils à leurs tours persécuteurs ? Sandor FERENCZI (2004) décrit l'identification à l'agresseur comme résultant d'un trauma primaire suivi d'un clivage narcissique du Moi entre une partie qui sait mais ne souffre pas, et une partie qui souffre, mais ne sait pas. Le déni de la violence par celui ou celle qui l'a perpétrée a pour contrepartie la perte des repères surmoïques pour l'enfant c'est-à-dire une absence de distinction entre le bien et le mal, le juste et l'injuste ce qui le met dans un état de grande confusion, de soumission. Dès lors, l'identification à l'agresseur devient une condition de survie psychique et elle a pour effet de faire disparaître ce dernier en tant que réalité extérieure : l'agresseur devient intrapsychique ; l'agression cesse d'exister et l'enfant réussit à maintenir une situation de tendresse antérieure. Sandor FERENZCI résume ainsi cette confusion en évoquant le décalage total entre le langage « passionnel » maltraitant de l'adulte et le langage de la tendresse qui est celui de l'enfant.

LES FACTEURS DE SURVICTIMISATION

La survictimisation, c'est rajouté du mal au mal. Différents facteurs potentialisent l'impact traumatogène sur l'enfant (REPPEA, 2018).

L'INFILTRATION DES THÉORIES ANTI-VICTIMAIRES

Ces théories telles que le syndrome d'aliénation parentale (et autres terminologies référentielles), des faux-souvenirs ou du syndrome de Münchhausen visent à dénier la réalité des maltraitances en décrédibilisant la parole de l'enfant et en bafouant leur parent protecteur ; l'enfant est soit considéré comme menteur ou ayant des faux-souvenirs ou se retrouvant au cœur d'un conflit de loyauté envers ses parents ou aliéné à l'un d'entre eux. Ces théories décrivent des phénomènes sans aucun fondement scientifique tels qu'un parent manipule un enfant contre l'autre parent au moyen d'une emprise et d'un lavage de cerveau et ceci dès que des suspicions de maltraitances ou d'abus sexuels sont révélées par l'enfant. Pourtant, les études internationales sur le sujet ont démontré que les cas de fausses-allégations d'enfants étaient très rares. Également, il est à préciser que le DSM-V a refusé d'inscrire l'aliénation parentale dans ses classifications par manque de « fondement dans la littérature empirique ». Cependant malgré leur défaut de méthodologie diagnostique, ces théories parviennent à instrumentaliser les institutions de protection de l'enfance ainsi que celles judiciaires et l'enfant se retrouve confier à son parent agresseur pour avoir révélé des abus. Elles sont une nouvelle source de maltraitance par leur utilisation qui vient biaiser les décisions de justice.

L'ISOLEMENT DU PARENT PROTECTEUR

La disqualification du parent protecteur plonge l'enfant dans un dénuement de ressources psychiques qui est terrible. Le parent protecteur peut lui apporter un étayage émotionnel en le rassurant, en le calmant, en le consolant, mais si l'enfant reste confronté seul au parent maltraitant et au contexte de violence suite à une décision judiciaire, il n'y a pas de possibilités laissées à l'émergence de mécanismes de soutiens fonctionnels.

LES MULTIPLES AUDITIONS DES ENFANTS VICTIMES

Malgré l'instauration des auditions filmées en 1997 afin d'éviter des redites douloureuses pour l'enfant et pour le préserver, il est fréquent que ceux-ci soient malgré tout interrogés à de nombreuses reprises sur les faits de violences, de maltraitances qu'ils ont subis. Ces répétitions provoquent de multiples reviviscences traumatiques contre lesquelles l'enfant va se redissocier en retraçant les évènements de manière désaffectivée. Il pourra ainsi lui être reproché son manque d'authenticité en raison d'une neutralité émotionnelle voire d'une froideur par un interlocuteur peu formé sur le psychotraumatisme.

LES VISITES MÉDIATISÉES INADAPTÉES

Leur mise en place est variable en fonction des équipes sur place et elle peut se révéler peu précautionneuse de la protection de l'enfant. En effet, il arrive que leur rythme soit trop fréquent ou que leur durée soit trop longue ce qui laisse l'enfant face à son parent maltraitant trop régulièrement et permet à ce dernier de continuer à exercer une emprise sous la forme d'intimidations, de menaces ou de pressions sur l'enfant.

EN CONCLUSION

La littérature (TRICKEY D, SIDDAWAY AP, MEISER-STEDMAN R, SERPELL L, FIELD AP., 2012) met en exergue que la négligence et l'absence de prise en compte et de prise en charge des traumatismes infantiles au moment des faits potentialisent le risque de développer à l'âge adulte un trouble de la personnalité borderline, des troubles dissociatifs, des troubles du comportement alimentaire, des conduites de dépendance et d'addiction, des somatisations, des automutilations et de majorer ainsi la vulnérabilité du sujet face à une répétition traumatique. Il est ainsi essentiel de bien connaître les besoins spécifiques de l'enfant afin de mieux adapter sa prise en charge psychotraumatique et lui assurer un avenir plus sécurisant.

BIBLIOGRAPHIE

American Psychiatric Association (2015). DSM-V - Manuel diagnostique et statistique des troubles mentaux. Elsevier Masson.

BAILLY, L. 2008, Traumatismes psychiques et relaxation thérapeutique, in *BERGES-BOUNE* M., BONNET C., GINAOUX, G., PECARELO A.M., SIRONNEAU-BERNARDEAU, C. *La relaxation thérapeutique chez l'enfant.* Corps, langage, sujet. Issy-Les-Moulineaux, Elsevier Masson, p. 187-192.

BAILLY, L. 2012, What is the antidote to violence ? Médecins sans Frontières *Workshop : Mental health rehabilitation for children and teenagers within ongoing conflicts contexts,* Gaza, Palestine.

BAUBET, T, TAÏEB, O, PRADERE, J, MORO, MR. 2004, Traumatismes psychiques dans la première enfance. Sémiologie, diagnostic et traitement. *EMC-Psychiatrie*, 1 (1), p. 15-22.

BONNEVILLE-BARUCHEL, E. 2015, *Les traumatismes relationnels précoces.* Clinique de l'enfant placé, Toulouse, Erès.

BOWLBY, J. 2002, *Attachement et perte.* Collection Le Fil rouge. Presses Universitaires de France.

COLLIN-VEZINA, D., GODBOUT, N., MILOT, T. 2019, Trauma complexe. Comprendre, évaluer, intervenir. Collection Enfance. Québec, Presses de l'Université du Québec.

CROCQ, L. 1999, *Les traumatismes psychiques de guerre,* Paris, Odile Jacob.

FERENZCI, S. 2004, *Confusion de langues entre les adultes et l'enfant.* Paris, Petite bibliothèque Payot.

DEWUFF,, A.C., VAN BROECK N., PHILIPPOT, P. 2006, L'état de stress post-traumatique chez l'enfant : questions autour de la description diagnostique, *Bulletin de psychologie*, 1, p. 119-132

FREUD, A., BURLINGHAM, D. 1944, *War and Children.* Londres, Grande Bretagne : International University Press.

GOGUIKIAN, B. 2019, in *Le traumatisme psychique chez l'enfant,* p.34-35. Éditions In Press.

GOLSE, B. 2012, Vers une théorie du traumatisme en trois temps. *Neuropsychiatrie de l'Enfance et de l'Adolescence,* 60 (5), p. 337-340.

HERMANN, J. 1997, *Trauma and recovery : The aftermath of violence from domestic abuse to political terror,* New York, Basic Books.

LAROCHE JOUBERT, M. 2019, *Le traumatisme psychique chez l'enfant,* 23-30. Éditions In Press.

MARCELLI, D. 2014, La « trace anti-mnésique ». Hypothèses sur le traumatisme psychique chez l'enfant. *L'information psychiatrique,* 90 (6), p. 441.

REPPEA 2018, Le livre blanc sur la protection des enfants maltraités, propositions contre les dysfonctionnements.

SALMONA, M. 2014, *Le livre noir des violences sexuelles,* Paris, Dunod.

SCHEERINGA, S., ZEANAH, C., DRELL, M.J., LARRIEU, J.A. (1995). Two approaches to the diagnosis of posttraumatic stress disorder in infancy and early chilhood, Journal of the American academy of child and adolescent psychiatry, 34, 191-200.

SCHEERINGA, M.S., ZEANAH, C.H., MYERS, L., PUTNAM, F.W. 2003, New findings on alternative criteria for PTSD in preschool children. *Journal of the American Academy of Child and Adolescent Psychiatry,* 42 (5), p. 561-570.

SCHEERINGA, M.S, ZEANAH, C.H. *A relational perspective on PTSD in early childhood.* J Trauma Stress, 14, p. 799-81

SPITZ, R. 1945, Hospitalism: An Inquiry into the Genesis of Psychiatric Conditions in *Early Childhood.* The Psychoanalytic Study of the Child, vol. 1, p. 53-74.

SOLOMON, E.P. and HEIDE, K.M. 1999, Type III Trauma : Toward a More Effective Conceptualization of Psychological Trauma, In *J Offender Ther Comp Criminol.,* 43, p. 202-210.

TERR, L.C. 1991, Childhood traumas : an outine and overview, *Am. J. Psychiatry,* 148, p. 10-20.

TERR, L.C. 1995, Childhood traumas, in *Psycho-traumatology.* Boston, Etats-Unis, Springer. p. 301-320.

TRICKEY, D., SIDDAWAY, A.P, MEISER-STEDMANN, R., SERPELL, L., FIELD, A.P. 2012, A meta-analysis of risk factors for post-traumatic stress disorder in children and adolescents. Clinical psychology review, 32 (2), p. 122-138.

EFFETS DES VÉCUS DE NÉGLIGENCE ET D'INCOHÉRENCE RELATIONNELLE PRÉCOCE CHEZ L'ENFANT

CONFLIT D'ATTACHEMENT, TROUBLES DE LA RELATION INTERSUBJECTIVE ET VIOLENCE PATHOLOGIQUE

Emmanuelle BONNEVILLE-BARUCHEL

Cet écrit est consacré au profil psychopathologique et au fonctionnement psychique particuliers que présentent de nombreux enfants qui ont subi des traumatismes relationnels précoces dans leurs premières années de vie. Il s'agit d'enfants victimes de maltraitance ou de négligence précoce, ayant développé un trouble sévère de l'attachement[4].

Si tous les enfants qui ont subi des maltraitances et des négligences sévères dans la satisfaction de leurs besoins fondamentaux ne présentent pas ce profil et ce fonctionnement à l'identique, ils concernent une proportion très importante de cette population et méritent donc d'être explorés.

Ces enfants « troublés et troublants » présentent un fonctionnement psychique particulier, qui se manifeste notamment par des troubles du développement de l'intelligence et des déficits cognitifs

---

4 Certaines des propositions reprises ici ont fait l'objet d'une publication précédente : Bonneville-Baruchel, E. (2018). Troubles de l'attachement et de la relation intersubjective chez l'enfant maltraité. Carnet de notes sur les maltraitances infantiles, 7(1), 6-28. doi:10.3917/cnmi.181.0006.

(GIBELLO, 2009 ; BONNEVILLE, 2007 ; CASTELLANI, NINOREILLE et al., 2015 ; LUPIEN et al., 2009 ; SOARES-BOUCAUD & SIMON, 2016), des troubles des capacités de pensée élaborative, de la liaison des émotions et de la tension psychique, du comportement et des capacités relationnelles, donc de socialisation. Ils confrontent les professionnels à des vécus émotionnels pénibles, car leur mode de fonctionnement relationnel se caractérise par la tyrannie, l'avidité, l'agitation et l'évitement ou l'attaque de la pensée, souvent par la violence pathologique et la destructivité.

Ces enfants déroutants obligent les professionnels à « lâcher » leurs représentations habituelles, afin de comprendre d'où viennent leurs difficultés et pourquoi elles s'expriment avec tant de virulence dans des environnements adaptés et bienveillants.

Il est important de considérer que leur fonctionnement relève essentiellement de la clinique du traumatisme : la répétition compulsive de mode de relation et d'attachement distordus, dominés par l'alternance brutale de phases de collage et de destruction, en constitue un trait caractéristique, établi très précocement.

Nous allons voir que les enfants concernés par cet article ont vécu des traumatismes relationnels précoces qui se révèlent dans toutes leurs nouvelles relations (BONNEVILLE-BARUCHEL, 2015). La plupart ont passé leurs premiers temps de vie dans un environnement caractérisé par le chaos et l'imprévisibilité des relations. Ils ont été confrontés à des mères et/ou des pères en grande difficulté psychique, qui n'ont pu s'accorder à leur bébé, et leur ont fait vivre de façon fréquente et répétée des situations de violence ou de négligence grave. Il s'agit des situations où leurs besoins fondamentaux d'attachement sécurisant, de stabilité, de permanence et de respect de rythmes réguliers n'ont pas trouvé de réponse adaptée. Celles-ci ont constitué autant d'expériences vécues comme des traumatismes. Une des caractéristiques de la clinique de ces enfants est que par conséquent ils se trouvent fréquemment confrontés aux reviviscences de ces expériences traumatiques, réactivées par des situations qui peuvent parfois paraître anodines à l'entourage, mais qui présentent un aspect en commun avec la situation initiale décrite ci-dessus. Souvent, dans la mesure où ces expériences traumatiques ont été vécues en contexte de relation fortement investie affectivement, soit en contexte de relation d'attachement, le simple fait d'être en relation avec un adulte devenu figure d'attachement peut constituer un déclencheur de ces reviviscences, et de l'activation du système de défenses post-traumatiques (BONNEVILLE-BARUCHEL, 2015 ; BONNEVILLE-BARUCHEL, 2018).

BESOINS FONDAMENTAUX ET ENJEUX DES INTERACTIONS PRÉCOCES

Quels sont les besoins relationnels fondamentaux du tout-petit, les enjeux des interactions précoces pour son développement, ainsi que les effets des expériences traumatiques précoces ?

Le risque principal d'une réponse insuffisante ou inadéquate de l'environnement aux besoins fondamentaux du petit enfant, est de constituer une situation de négligence. Cette situation risque de provoquer la perte ou d'entraver la constitution du sentiment de sécurité de base, assise fondamentale de toute dynamique de développement (BONNEVILLE-BARUCHEL, 2015).

- **Le sentiment de sécurité de base**

Il faut d'abord préciser la nature et l'importance de ce sentiment, afin de comprendre pourquoi il relève des besoins fondamentaux de l'enfant, à respecter absolument.

Ce sentiment de sécurité, s'il est primordial pendant l'enfance, est commun à tous les âges de la vie et constitue une des conditions de la santé mentale. Il correspond essentiellement à la conscience, voire à la conviction, de disposer d'une base sécure dans sa vie. Un QG, un havre ou un « home sweet home » stable et fiable, dont on peut s'éloigner, mais dont on est sûr qu'on le retrouvera et que l'on peut y revenir se reposer, se ressourcer, se réparer avant de s'envoler à nouveau affronter et découvrir le monde et la vie.

Pour l'enfant, cette base, dont dépend le sentiment de sécurité, est aussi d'un autre registre essentiel : il s'agit d'une présence, d'un lien d'attachement très fortement investi, stable dans la durée et fiable avec au moins un autre humain, élu pour sa disponibilité continue et sa capacité à le soutenir, comprendre et réconforter lorsque celui-ci en a besoin. Un enfant peut avoir plusieurs figures d'attachement. Afin de repérer celle dont nous évoquons ici la fonction, nous l'appellerons la figure de référence : c'est principalement vers elle que se tourne l'enfant lorsqu'il se trouve en état de détresse ou d'inquiétude. En général, pour le bébé et le jeune enfant c'est sa mère. Mais attention, à ce stade, deux précisions s'imposent : tout d'abord, il s'agit de la mère lorsque c'est elle qui s'occupe le plus souvent de l'enfant depuis sa naissance, en particulier lors des premiers mois, et lorsqu'elle est en état psychique de le faire de façon adéquate. Ce n'est pas toujours le cas. Ensuite, il ne s'agit pas systématiquement de la mère biologique. Dans certaines situations, c'est le père, ou une grand-mère, ou une grande sœur, un grand-frère, une tante, un oncle, une/un professionnel (une assistante familiale) ou encore un parent adoptif.... Il existe une pluralité de configurations, qui montre encore l'importance d'apprécier singulièrement chaque situation. Mais il faut une personne stable, permanente, disponible, adaptée et empathique, que l'enfant investit, parmi toutes ses relations, comme celle qui le sécurise et le réconforte. Autrement dit, celle qui nourrit, soigne, console et rassure le plus souvent.

- **Pulsion d'attachement et sentiment de sécurité**

Un état de détresse chez le petit doit très rapidement être apaisé par la figure de référence, pour que l'enfant se sente sécurisé et rétabli dans son sentiment de continuité d'existence et de capacité d'influence sur son sort. Les recherches en neurologie montrent en effet que si cela ne se produit pas, le système cérébral est soumis à des niveaux de stress extrêmes, aux conséquences traumatiques, à terme très dommageables pour son développement (DAMASIO, 1998 ; SCHORE, 2001 ; SROUFE, 1996).

Depuis plus de 50 ans, des chercheurs de renommée internationale, tels que M. AINSWORTH (1978), J. BOWLBY (1969), E.

PICKLER (1975), R. SPITZ (1963), ou plus près de nous, A. TARDOS ET G. APPEL (1998), A. et N. GUEDENEY (2002), ou E. TRONICK (1989), pour ne citer qu'eux, ont mis en évidence par leurs travaux portant sur des centaines de petits, que le besoin de contact avec la figure de référence, et elle seule, dans ce contexte, est un des besoins fondamentaux de l'enfant. Le contact réconfortant avec la figure de référence en cas de détresse est donc aussi important que d'être nourri, vêtu, soigné.

J. BOWLBY propose de considérer l'attachement comme un besoin primaire, un comportement instinctif, biologiquement déterminé, qui dérive de la pulsion d'agrippement.

Ce comportement d'agrippement est présent chez les petits de toutes espèces. Il est au service de la survie : il permet une proximité physique avec la mère, qui garantit chaleur, sécurité, alimentation. Chez toutes les espèces, la figure de référence à laquelle le petit cherche à s'agripper pour survivre est en général sa mère, lorsque c'est elle et parce qu'elle est la plus familière au petit depuis l'anténatal. Mais il n'est pas nécessaire que ce soit la mère biologique. Il s'agit de celui ou celle qui s'occupe le plus souvent de lui depuis sa naissance et qui est en état de le faire de façon adéquate (CYRULNIK, 1997).

Depuis quelques années, et les travaux de D. ANZIEU (ANZIEU, 1990), P. FONAGY (FONAGY, 2004) et B. GOLSE (GOLSE, 2004), on reconnaît chez l'humain l'existence d'une pulsion d'attachement. En effet, la survie du petit d'homme immature et vulnérable dépend de la possibilité de « s'agripper psychiquement » à l'adulte qui prend soin de lui. La pulsion d'attachement a donc remplacé l'agrippement, et le petit d'homme déploie très vite, très tôt, des comportements visant à conserver la proximité physique avec cet adulte.

L'attachement est défini comme le lien émotif s'établissant entre un enfant et sa figure de référence, favorisant ainsi la proximité physique entre eux afin d'assurer à ce dernier soins et protection. Ce lien, constitué à un niveau primitif, bien avant la maturation des capacités verbales ou de raisonnement, résiste au temps et à l'espace. Il ne peut pas être modifié par les expériences ultérieures de liens interpersonnels (ARCHER & BURNELL, 2008 ; GUEDENEY & GUEDENEY, 2002).

L'attachement au donneur de soins principal, à la figure de référence, sert de base de sécurité à l'enfant pour explorer l'environnement. La disponibilité de l'adulte, la qualité des soins dispensés, le caractère approprié et ajusté des réponses aux signaux de l'enfant, concourent à créer chez le bébé, au fur et à mesure qu'il voit ses besoins comblés, l'émergence progressive d'un sentiment de sécurité et de confiance en sa valeur personnelle.

Plus longue est la période passée sans un lien d'attachement stable et adéquat, plus les possibilités de rattrapage sont limitées (STEINHAUER, 1996). En effet, les modèles ou types d'attachement peuvent se figer.

LA CLINIQUE DES ENFANTS AYANT VÉCU DES MALTRAITANCES PRÉCOCES ET AYANT DÉVELOPPÉ UN TROUBLE SÉVÈRE DE L'ATTACHEMENT

Considérons à présent les troubles que peuvent présenter les enfants concernés par cet article, de façon à mieux les repérer.

UN FONCTIONNEMENT ISSU DE LA CONFRONTATION PRÉCOCE PROLONGÉE A DES SITUATIONS DE NÉGLIGENCE ET DE MALTRAITANCE, SOURCES DE TRAUMATISMES PSYCHIQUES

Certains enfants ont vécu dans leurs premiers temps de vie des expériences terrifiantes et des séries de rencontres manquées dans les relations avec leur entourage : soit parce que leurs parents étaient imprévisibles et très angoissants pour eux, soit parce qu'ils se trouvaient seuls, impuissants face à leurs états émotionnels, sans trouver d'aide, de réconfort, ni de reconnaissance de leurs états subjectifs de la part d'un adulte empathique et secourable.

Autrement dit, ils ont été traumatisés par des répétitions de séquences interactives d'attachement manquées.

Ces émotions vécues dans la solitude ont déclenché des états de tension et d'excitation dont l'intensité extrême a débordé les capacités de traitement de leur appareil psychique. Or, FREUD a indiqué dès 1920 que c'est ce phénomène qui crée le traumatisme (FREUD, 1920).

Par ailleurs, plus le sujet est jeune, moins son appareil psychique et son cerveau sont structurés, outillés pour ces fonctions de liaison et de régulation. Ainsi la vulnérabilité d'un enfant aux expériences traumatogènes est proportionnelle à son immaturité. En ce sens, les trois premières années de vie d'un enfant correspondent au stade le plus critique.

Les troubles que présentent ces enfants sont issus de la confrontation répétée à ces expériences traumatiques, mais ils sont aussi l'expression de la construction psychique particulière qu'ils ont dû développer, pour tenter de pallier leurs effets.

AU-DELÀ DES CARENCES, UN DÉVELOPPEMENT PSYCHIQUE ET NEUROLOGIQUE PARTICULIER

Les enfants concernés par cet article n'ont pas bénéficié des relations qui auraient dû leur permettre de se constituer les grandes fonctions psychiques susceptibles de traiter les expériences et de ne pas être débordés par les émotions qu'elles suscitent.

D'autre part, les recherches en neurologie (GOULD et al, 2012 ; HECKMAN, 2007 ; TREMBLAY et coll., 2004 ; VAN DER KOLK, 1996) montrent que les ratés successifs dans les interactions précoces, ainsi que les expériences de stress extrêmes répétées, non suivies d'expériences de réconfort, ont une incidence sur la constitution des fonctions cérébrales responsables de la reconnaissance des perceptions corporelles, de la gestion des émotions et du contrôle de l'impulsivité (LUPIEN, 2009).

On peut dire que ces enfants, habituellement qualifiés de « tout-puissants », sont en réalité plutôt « tout-impuissants », pour reprendre une expression de René ROUSSILLON, face au surgissement en eux de la violence, du désir ou de la souffrance. Ils ne peuvent pas s'empêcher de frapper, de coller, ils ne savent pas différer, attendre, renoncer, dans le sens où ils n'ont pas les moyens psychologiques et neurologiques d'y parvenir (BERGER, 2012). Ainsi leurs comportements ne sont pas de l'ordre de la malveillance…

Cependant, ces enfants ne peuvent pas percevoir d'emblée que leur fonctionnement est inadéquat et nocif : ils n'en connaissent pas d'autres et celui-ci a au moins le mérite de leur fournir une organisation, et des repères.

TROUBLES GRAVES DES CAPACITÉS DE RELATION.

La relation à leurs figures d'attachement est complexe : elle ne paraît tolérable que dans le maintien de l'illusion d'un contrôle absolu. Ils sont très « accrochés » à leur objet d'attachement qu'ils sollicitent en permanence d'une manière ou d'une autre. L'éducateur, l'assistant familial, la maîtresse ou le maître, le professeur au collège, deviennent très vite une figure d'attachement, c'est-à-dire une personne très investie sur le plan affectif, compte-tenu du temps que l'enfant passe à leur contact. Ils sont l'objet d'un « transfert affectif » très fort, comme en témoigne le lapsus fréquent chez les petits appelant leur maîtresse « maman » !

LE CONFLIT D'ATTACHEMENT : ENTRE ENVIE AVIDE ET ANGOISSE

Une des caractéristiques fondamentales de la détresse de ces enfants réside dans le fait qu'ils paraissent ne pas pouvoir tolérer que l'on soit bien disposé à leur égard : plus on tente de faire preuve de prévenance, de patience, de compréhension et d'indulgence, plus leurs attitudes de contrôle s'accentuent. Ils manifestent de l'envie et de l'avidité à l'égard d'un adulte qui serait totalement à leur disposition, mais ils semblent ne pas pouvoir profiter de cette disponibilité. Ils peuvent réclamer « à corps et à cris » une satisfaction qu'ils ne peuvent pas investir lorsqu'ils l'obtiennent.

Cette quête semble consister principalement dans un point d'appui, voire d'agrippement, physique sur l'adulte, en-deçà du besoin d'enveloppe.

Ces enfants recherchent un contact perceptif concret, mais ils ne peuvent pas l'utiliser pour vivre une expérience apaisante. Ils semblent chercher le soutien dans un investissement de l'adulte comme « étai » physique, mais ne supportent pas la position de passivité dans « l'enveloppement » psychique par l'intervention contenante et limitante de celui-ci, ou dans « l'enveloppement » physique dans ses bras.

Dès qu'ils y sont confrontés, ils sont très angoissés par ce contact « corps à corps ». En effet, celui-ci déclenche une flambée pulsionnelle, un envahissement fantasmatique incontenable, sources d'angoisses extrêmes. Ils cherchent donc à s'agripper, s'appuyer activement, mais redoutent d'être eux-mêmes contenus. Les mouvements d'emprise doivent être à sens unique.

La relation à l'adulte est à la fois extrêmement attractive et extrêmement angoissante pour ces enfants. Elle est donc à la fois objet de désir et de terreur. Ils perçoivent l'adulte comme éminemment séduisant et dangereux, en tout cas non-fiable et imprévisible, de sorte qu'ils se sentent tenus de le contrôler en permanence. Ceci implique une position d'hypervigilance constante, et accroît une perméabilité extrême aux perceptions. Ils ne peuvent pas faire abstraction des stimuli extérieurs, car ceux-ci sont toujours inquiétants. Ainsi toute leur énergie et leur attention sont absorbées par la surveillance de ce qui se passe autour d'eux et le déploiement de défenses vis-à-vis des effets internes.

Ils sont incapables de tolérer de ne pas contrôler leur environnement, encore moins de s'en remettre à un adulte pour assurer leur protection. Ceci parce que leurs premières expériences dans ce domaine ont été tellement désastreuses qu'ils refusent absolument de revivre la position de dépendance vis-à-vis d'un autre, et développent par conséquent un recours abusif aux fantasmes d'omnipotence.

Ils ne peuvent donc ni se concentrer sur un apprentissage, ni même admettre qu'un autre puisse leur apprendre quelque chose, dans la mesure où cela reviendrait à reconnaître qu'ils ne maîtrisent pas tout.

L'ANGOISSE DE PERTE DE CONTRÔLE NARCISSIQUE

Certains enfants tolèrent très difficilement que l'attention de l'adulte se détourne d'eux pour se porter sur autre chose, fût-ce pour une minute. Ils font preuve d'une avidité massive, utilisent toutes les stratégies pour obtenir une attention exclusive, surtout lorsqu'ils se sentent « en compétition » avec d'autres enfants. Ils développent des attitudes d'évitement et de contrôle, ou des attitudes de collage et d'emprise despotique, à l'origine de comportements tyranniques.

Ils ne supportent pas la confrontation à la différence, donc à l'individualité et à la séparabilité, de leur figure d'attachement. Il faudrait que celle-ci soit à leur disposition exclusive en permanence. Ils supportent très mal que l'attention de leur objet se détourne d'eux ne serait-ce qu'un instant, *a fortiori* pour s'occuper d'un autre, ou qu'il se dérobe ou se refuse à la satisfaction de leurs exigences. Ils les sollicitent, les touchent, les sentent en permanence, les suivent jusque dans les toilettes, surveillent leurs moindres faits et gestes, font une bêtise dès qu'ils se sentent « lâchés » du regard. Ils ont tendance à se coller à quelques centimètres de leur visage et à agripper leurs membres ou leurs vêtements pour leur parler. La plus infime frustration déclenche un débordement d'angoisse automatique qui suscite une explosion de rage, une crise de larmes ou un repli dans une « bulle » autistique, comme une mise en état de dissociation.

Voici quelques vignettes cliniques :

Damien surveille sans relâche ce que font et où se trouvent les adultes qui s'occupent de lui. S'il ne les « colle » pas physiquement en les suivant partout, il se poste dans un couloir, endroit stratégique de la maison d'où il peut voir toutes les pièces et leurs occupants. Il ne supporte pas le moment de la douche, car il lui faut s'isoler et lâcher le contact perceptif avec les adultes. Il est incapable de rester seul, et de se poser spontanément sur une activité. Il faut qu'un adulte lui indique ce qu'il doit faire et s'asseye à ses côtés pour qu'il puisse lire, dessiner ou faire un jeu.

Jacques se met en danger dès qu'il a la sensation de perdre l'attention de son assistante familiale ou de son éducatrice. Il se « met dans la peau » d'un super-héros et se lance dans des escalades ou des sauts périlleux entre deux chaises, du haut d'une table. Il se jette sur les personnes, s'agrippe à elles. Ce « jeu » répétitif de sauts par-dessus des distances dangereuses paraît correspondre à un besoin de représenter et de maîtriser la situation psychique à laquelle le confronte la perception de la différenciation et de la séparation de l'objet par son éloignement : le vide que crée l'absence, le danger du manque et le risque fantasmatique de chuter, d'être aspiré dans un gouffre, ainsi que ses tentatives de réassurance par l'agrippement.

Nourredine, produit le même type de réaction « explosive » à la perte du contrôle de son objet. Lorsqu'il est « contrarié », le plus souvent lorsque son assistante familiale le laisse quelques instants, lui refuse ou lui impose quelque chose, il cherche à frapper tout ce et ceux qui se trouvent à sa portée en hurlant : « méchant ! méchant ! ». La persévérance déclenche une série d'insultes, de coups dans les murs et les objets. Dans ces moments où il paraît « hors d'atteinte », il lui faut 10 à 15 minutes pour s'apaiser sous l'effet de l'épuisement.

LES CHANGEMENTS IMPRÉVUS DÉCLENCHEURS DE VIOLENCES

Au-delà de l'agitation motrice désordonnée, on perçoit la menace d'une totale désintégration vécue par l'enfant. Les comportements évoquent une lutte intense contre le danger de l'impuissance et la dissolution de son moi. Tout changement imprévu dans ce qui leur a été annoncé suscite d'abord chez ces enfants une très grande anxiété inélaborable, qui déclenche l'activation d'un modèle interne en réaction défensive d'agrippement et d'attaque, ainsi qu'un débordement qui se traduit souvent par des « crises de rage ». Cependant, l'expression de cette terreur première est extrêmement fugitive ; il est difficile de la déceler et d'en saisir le caractère originaire, car elle est très rapidement recouverte par ce qui peut être identifié comme des manifestations de violence haineuse.

Stéphane, préadolescent de 13 ans, a passé ses premières années de vie avec un couple parental qui se disputait violemment de façon fréquente. Les « explosions » conflictuelles au sein du couple survenait brutalement. Les parents pouvaient s'occuper de Stéphane puis le délaisser soudainement, pris par une nouvelle dispute. Le père raconte que les soins (un biberon, un change, un jeu) pouvaient alors être interrompus et Stéphane « laissé en plan » tandis que son épouse et lui-même étaient absorbés par leur dispute, les échanges d'insultes, parfois de coups. Il reconnaît qu'à ces moments, ils étaient « hors d'eux » et qu'ils « oubliaient » Stéphane ; ils ne le voyait plus, ils n'entendaient plus ses appels de détresse ; Monsieur ajoute qu'ils avaient sans doute tort de se battre devant lui, mais que c'était « plus fort qu'eux » et que dans ces moments ils n'étaient plus en capacité de penser, de se raisonner et de penser à leur bébé. Le couple a fini par se séparer, mais l'un comme l'autre des parents racontent qu'ils ont renouvelé ces dysfonctionnements conjugaux avec chacun de leur nouveau partenaire. Ainsi Stéphane, lorsqu'il était accueilli par l'un ou par l'autre de ses parents, assistait aux mêmes scènes violentes et était confronté à la même imprévisibilité dans la disponibilité et les soins parentaux. Lorsque ses parents se trouvaient célibataires, Stéphane rencontrait une attention et des soins adéquats. Mais dès qu'ils étaient à nouveau en couple, l'alternance imprévisible d'attention et de délaissement, associée au spectacle récurrent de scènes soudaines de violence explosive, reprenait. A 13 ans, Stéphane est accueilli en foyer éducatif, car aucun de ses parents ne supporte plus ses « crises ». Sa mère refuse même de le voir. Il peut se montrer extrêmement violent en paroles et en actes. Il s'attaque surtout aux nouvelles compagnes de son père. Chaque fois que son père, auquel il témoigne à la fois un fort attachement et une certaine idéalisation, est à nouveau en couple, il attaque violemment cette nouvelle figure féminine. Au foyer, il « explose » aussi fréquemment, avec coups et insultes. Ces crises se déclenchent la plupart du temps de façon imprévisibles et incompréhensibles pour les éducateurs, mais lorsqu'on travaille en détail le déroulement d'une séquence, on s'aperçoit que chaque fois elles sont consécutives à un détournement de l'attention d'un adulte dont bénéficiait Stéphane, au profit d'un autre jeune accueilli (il faut signaler ici que l'effectif des professionnels du foyer est très insuffisant au regard du nombre de jeunes accueillis et de leur problématique), ou encore lorsque Stéphane est confronté à un changement (même minime,

« anecdotique » du point de vue extérieur) du programme de ce qu'on lui avait annoncé. Par exemple, une éducatrice lui promet de faire ses devoirs avec lui à telle heure ; A l'heure dite, elle annonce à Stéphane que ce n'est pas possible parce qu'elle a une autre tâche à réaliser. Stéphane bascule aussitôt dans un fantasme de persécution, l'accuse de le rejeter, de lui avoir « menti » et se jette sur elle pour la frapper. Autre exemple, un éducateur lui annonce que le lendemain il l'accompagnera à un rendez-vous médical qui angoisse beaucoup Stéphane. Le lendemain, à l'heure du rendez-vous, l'éducateur annonce que c'est finalement un autre membre de l'équipe qui l'accompagnera. Stéphane « explose » à nouveau ; il ne perçoit pas qu'il ne sera pas seul à son rendez-vous, mais accompagné par une personne qu'il connaît bien et qu'il apprécie en temps ordinaire. Il ne réagit qu'à ce qu'il vit comme une défection et un abandon de son éducateur, qu'il accuse de… négligence. Le vécu et la réaction semblent ainsi tout à fait désaccordés vis-à-vis de la réalité de la situation. Mais on comprend le processus à l'œuvre lorsqu'on entend Stéphane répéter « en boucle » : « voilà, c'est toujours pareil, ça recommence, vous n'en avez rien à f… de moi ! »

Dans ces moments, Stéphane est « hors de lui », inaccessible à l'écoute de paroles apaisantes, inaccessible au raisonnement ; Perdu dans un état de débordement d'angoisse et de rage, il perd tout contrôle : de la situation - dans son vécu -, et de lui-même… Il ne peut que hurler et frapper, reproduisant ainsi, sans le savoir, les scènes entre ses parents puis avec leurs nouveaux conjoints auxquelles il n'a cessé d'assister depuis sa plus tendre enfance. Pour lui, imprévus, vécus de délaissement et de négligence et agirs violents sont étroitement intriqués ; passé et présent sont confondus ; lui-même et ses interlocuteurs, figures de victime, d'agresseur et de témoin du passé et du présent également indifférenciés, dans un magma d'affects bruts et de représentations primaires qui témoignent du processus d'incorporation précoce de la globalité des scènes, des expériences perceptives et émotionnelles vécues.

Lucie a été gravement négligée par des parents très démunis sur le plan intellectuel avant que sa mère disparaisse sans laisser d'adresse et que sa sœur aînée et elle soient confiées à une famille d'accueil. Elle ne réagit pas par une explosion rageuse aux moments où elle a le sentiment de perdre le contrôle de son objet et d'être abandonnée, mais elle met en œuvre un comportement équivalent, tout en signifiant les dimensions supplémentaires du vécu en jeu. Elle fait sur elle sans rien dire à personne, s'exhibe ainsi souillée, empuantissant l'atmosphère, jusqu'à ce que son éducatrice ou son assistante familiale le remarque et la change. Elle peut faire cela plusieurs fois par jour. Une variante consiste à cacher des morceaux de papier toilette souillés dans différents endroits de la maison : sa chambre, la salle de bain, sans en parler à personne, ce qui contraint son assistante familiale à passer beaucoup de temps à fouiller pour les retrouver et à nettoyer la maison. Elle montre ainsi des identifications à différentes représentations de base, issues de ses premières expériences d'attachement : l'une correspondait au bébé repoussant, non-aimable ; une autre au bébé abandonné et terriblement en détresse : littéralement, ce bébé abandonné est « laissé dans la merde », par un objet insouciant, négligeant la conservation et les soins. Enfin, une autre correspond au bébé rageur, plein de haine, qui désire produire les mêmes ressentis chez son objet persécuteur, en contaminant son espace intérieur. La maison, les différentes pièces où elle cache les papiers souillés représentent l'intérieur de cet objet, investi sous l'égide de l'identification projective et du fantasme du claustrum (Meltzer, 1999).

VÉCUS ET RÉACTIONS DÉFENSIVES CHEZ LES ADULTES

Ces comportements induisent des effets rapidement insupportables chez ceux qui les subissent, et les conduisent généralement à deux styles de réponses. Soit ils tendent à isoler l'enfant loin de leur champ perceptif, *« pour qu'il se calme »*, mais surtout pour tenter d'éviter d'agir à son encontre les pulsions violentes que la confrontation mobilise. Soit ils cèdent à la volonté de l'enfant et désinvestissent le conflit, ce qui a pour conséquence de faire cesser la violence, mais pas l'agitation. L'assistante familiale de Kevin, réagit habituellement de cette façon. Elle dit à ce propos : *« Je finis par abandonner, il a gagné. »* Elle décrit avec amertume comment Kevin lui paraît alors exulter, elle-même étant en proie à des sentiments paradoxaux et pénibles : à la fois *« déprimée parce qu'il me mène par le bout du nez et que ça ne me ressemble pas »*, mais *« soulagée qu'il se taise et s'arrête »*, enfin *« coupable parce que je sens bien que ce n'est pas ce que je devrais faire, je ne lui rends pas service en lui passant tout, mais c'est mon besoin de tranquillité qui a pris le dessus »*.

L'assistante familiale de Nourredine quant à elle, réagit plutôt selon la première modalité. Les comportements du petit garçon lui sont tout aussi insupportables, mais elle met *« un point d'honneur à ne pas (se) laisser faire »*. Elle réagit à ses crises de violence en l'isolant dans une pièce et en ne retournant le voir ou le chercher que lorsqu'il s'est tu. Il doit donc se calmer tout seul.

Il faut savoir que Nourredine a vécu jusqu'à l'âge de 18 mois avec une mère gravement délirante qui le laissait des heures durant dans son lit, dans une chambre obscure. Cette femme a expliqué qu'elle ne répondait pas à ses faibles appels, mais s'occupait de lui quand ses voix lui disaient de le faire, et surtout quand il ne pleurait pas. Ses cris étaient très pénibles pour elle, si bien qu'elle avait décidé de lui apprendre à ne pas réclamer en ne satisfaisant ses besoins que lorsqu'il ne criait pas. Lorsqu'on pointe à l'assistante familiale, avec précautions, les effets de résonance de ses conduites réactionnelles avec le fonctionnement maternel qu'a subi Nourredine, elle est tout à fait bouleversée. Elle peut dire qu'elle ne s'en rendait pas compte, mais qu'elle ne sait pas comment agir différemment. *« Il me pousse à bout. Jamais je n'ai été comme ça avec les autres enfants que j'ai eus. Pourtant, après tout ce que j'ai fait pour lui… »* Elle peut alors dire que sa colère contre lui dans ces moments-là est à la mesure de sa déception…

QUELQUES PISTES POUR L'ACCUEIL AU QUOTIDIEN

Les enfants concernés par cet article, qui ont subi des situations de négligence et de maltraitances graves pendant leurs premières années de développement, ont besoin d'une prise en charge psychothérapeutique spécifique, que je choisis de ne pas développer ici, du fait de l'ampleur des éléments à considérer. J'ai eu l'occasion de présenter une proposition de modèle psychothérapeutique dans d'autres publications (BONNEVILLE-BARUCHEL, 2012 ; BONNEVILLE-BARUCHEL, 2015). Mais la condition primordiale à l'investissement des soins psychiques est de bénéficier d'une stabilité relationnelle dans leur environnement quotidien. Voici quelques pistes, présentées sous forme d'étapes, qui peuvent permettre à celui-ci de résister (au sens Winnicottien du terme) à l'expression de leurs troubles, organisés par la déliaison et la destructivité.

La première étape est de bien comprendre la nature des difficultés de ces enfants, et de pouvoir les appréhender comme étant de l'ordre du handicap et non de la malveillance.

Il est intéressant de s'inspirer, en les adaptant, des méthodes qu'utilisent les professionnels de la petite enfance peut être très utile. Par exemple, tous les rituels qui scandent les moments de début et de fin d'activité, tous les matériels permettant aux enfants de comprendre, d'apprendre les différents moments qui rythment la vie quotidienne, puis de pouvoir les repérer, ainsi que les personnes présentes dans ces différents moments, sont importants : ils sont rassurants pour l'enfant. Ce sont des contenants externes qui pallient leur manque de contenance, de pare-excitation, et de repères internes. Plus un enfant peut se repérer, prévoir ce qui va se passer et avec qui, moins il sera angoissé, moins il aura besoin d'extérioriser cette angoisse dans des comportements inadéquats.

Par ailleurs, il convient de garder à l'esprit que pour ces jeunes dont la sécurité de base a été entamée par les multiples expériences de changements imprévisibles dans leur environnement et dans la disponibilité psychique de leurs premiers objets, à un âge où la stabilité et la permanence sont primordiales, et qui ont de plus été confrontés à l'alternance chaotique de moments d'investissement et de désinvestissement, tout changement imprévu dans leur quotidien, dans ce que les adultes dont ils dépendent leur ont annoncé, va déclencher le retour des traces mnésiques affectives traumatiques de ces premières expériences et de là, des réactions anxieuses et l'activation du système de défenses post-traumatiques en proportion. « *Voilà, ça recommence… !* » hurlait Stéphane.

Ainsi, la deuxième étape, issue de la première, est de toujours garder à l'esprit que les attaques dont on peut faire l'objet viennent du passé traumatique de l'enfant, des carences dans la construction de ses capacités de régulation, mais aussi des séquelles des traumatismes psychiques que ce passé a laissées.

La troisième étape consiste à ne pas tenter de nier ou de cacher les affects pénibles, voire honteux, qu'ils suscitent en nous, mais au contraire d'en prendre pleinement conscience et de les évoquer avec des collègues confrontés aux mêmes enfants ou au même type de ressentis avec d'autres.

Ces enfants, comme l'avait montré WINNICOTT (WINNICOTT, 1947), nous font éprouver de la haine, du désespoir et de l'impuissance qu'il est bien difficile de vivre sans honte. Pourtant c'est ce qu'éprouve toute personne suffisamment investie auprès de ces enfants.

La quatrième étape consiste à créer une enveloppe groupale d'adultes autour de l'enfant, mais aussi autour du professionnel.

L'ENVELOPPE GROUPALE SÉCURISANTE AUTOUR DE L'ENFANT ET DU PROFESSIONNEL

Mais l'enveloppe groupale vise ici à soutenir le professionnel et à protéger le lien professionnel – enfant. Elle exerce en cela une fonction de méta-garance (EIGUER, 2013).

Tout professionnel a impérativement besoin, pour « tenir le coup », d'être écouté, compris et soutenu par ses collègues. C'est le principe des contenants successifs : pour pouvoir contenir un enfant, et contenir en soi-même les affects que son contact suscite, il faut pouvoir bénéficier soi-même de contenance. C'est là que la notion d'équipe prend tout son sens. Personne ne peut, même les éducateurs, les psys, les enseignants les mieux formés et les plus expérimentés, tenir seul longtemps dans la relation avec ces enfants. Ainsi le plus grand danger est la solitude, l'isolement… La prise en charge d'un jeune procède d'un engagement groupal.

Bien d'autres idées, notamment à propos de l'ajustement des pratiques, font toujours l'objet d'une expérimentation sur le terrain. Mais bien d'autres pistes de recherche clinique demeurent également à explorer. Elles constituent autant d'appels à poursuivre la recherche, comme autant d'invitations au questionnement et à l'imagination créative. Elles dessinent des perspectives à parcourir sur les voies de la pratique et de la pensée, pour tenter de toujours mieux comprendre et accueillir les liens en souffrance chez ces enfants énigmatiques.

BIBLIOGRAPHIE

AINSWORTH, M.S.D., BLEAHERNN,, M., WATERS E., WALL S. 1978, *Patterns of attachment : A psychological sudy of the strange situation*, NJ, Hillsdale, Erlbaum.

ANZIEU,, D. 1990, L'attachement au négatif, in D.Anzieu (dir.), *L'épiderme nomade et la peau psychique*, Paris, Éditions Apsygée, p. 115-129

ARCHER C., BURNELL, A. 2008, *Traumatisme, attachement et permanence familiale : la peur peut vous empêcher d'aimer*, Bruxelles, De Boeck.

BERGER, M. 2012, *Soigner les enfants violents : Traitement, prévention, enjeux,* Paris, Dunod.

BONNEVILLE, E. 2007, Protection de l'enfance : peut-on prévenir les atteintes de l'intelligence ? in *Empan* n°63, Toulouse, Erès

BONNEVILLE-BARUCHEL, E. 2012, Perspectives thérapeutiques avec les enfants violents victimes de traumatismes relationnels précoces, in *Psychologie Clinique*, n°33, 2012/1, p. 138-154

BONNEVILLE-BARUCHEL, E. 2015, *Les traumatismes relationnels précoces - Clinique de l'enfant placé,* Éditions Erès, Collection la vie de l'enfant, Toulouse

BONNEVILLE-BARUCHEL, E., 2018, Clinique des enfants très violents, victimes de traumatismes relationnels précoces : risques et enjeux thérapeutiques, *Psychothérapies* 2018/1 (Vol. 38), p. 3-13.

BOWLBY, J., 1944, 44 jeunes voleurs : leur personnalité et leur vie familiale, in *Psychiatrie de l'enfant,* 2006, 49, 1, p. 5-122.

BOWLBY, J., (1969 à 1980), *Attachement et perte ; volumes I, II et III,* Tr. Fr. de 1998 à 2002, Paris, PUF.

CASTELLANI, C., NINOREILLE, K., BERGER, M., PERRIN, A., 2015, Comparaison du niveau de développement d'enfants en crèche et en pouponnière et soumis à différents niveaux de défaillances parentales précoces, in *Devenir,* 2015/1, Vol. 27, p. 5-29.

CYRULNIK, B. 1997, *Sous le signe du lien : Une histoire Naturelle de l'Attachement,* Paris, Hachette.

DAMASIO, A.R. 1998, Emotion in the perspective of an integrated nervous system, *in Brain Research Review,* n° 26, p. 83-86.

EIGUER, A. 2013, *Le tiers : Psychanalyse de l'intersubjectivité,* Paris, Dunod.

FONAGY, P. 2004, *Théorie de l'attachement et psychanalyse,* Toulouse, Erès.

FREUD, S. 1920, Au-delà du principe de plaisir, in *Essais de psychanalyse* tr.fr. Paris, Payot, La Petite Bibliothèque, (2001), p. 43-115.

GIBELLO, B. 2009, *L'enfant à l'intelligence troublée - Nouvelle édition,* Paris, Dunod.

GOLSE, B. 2004, La pulsion d'attachement, in *La psychiatrie de l'enfant,* 2004/1, vol.47, Paris, PUF, p 5-25.

GOULD, F. et al., 2012, The effects of child abuse and neglect on cognitive functioning in adulthood, in *Journal of Psychiatric Research,* Vol. 46, Issue 4, Paris, Elsevier, p. 500-506.

GREEN, A. 1994, Sources, poussées, buts, objets de la violence, article présenté au Colloque de Monaco de mai 1994 *Destins de la violence, publié in Journal de la psychanalyse de l'enfant* n° 18, p. 215-260.

GUEDENEY, N. et A. 2002, *L'attachement. Concept et application,* Masson, Paris.

GUEDENEY, A., DUGRAVIER, R. 2006, Les facteurs de risques familiaux et environnementaux des troubles du comportement chez le jeune enfant : Une revue de la littérature anglo-saxone, in *Psychiatrie de l'Enfant,* 49, 1, p. 227-278.

HECKMAN, J.J., Prix Nobel, 2007, The technology of building health and human capacities : lessons for public policy, *International Health Forum : The economy and health, the effects of prevention.* International Economic Forum of the Americas, Montreal, Canada, June 19.

LUPIEN, S. J. et al., (2009), Effects of stress throughout lifespan on the brain, behaviour and cognition, *Nature Reviews Neuroscience* 10, p. 434-445.

www.nature.com/nrm/journal/v10/n6/abs/nrn2639.html

LYONS-RUTH, K., ALPERN, L., REPACHOLI, B. 1993, Disorganized infant attachment classification and maternal psychosocial problems as predictors of hostile-aggressive behavior in the pre-school classroom, *Child Dev., 64,* p. 572-585.

MELTZER, D. 1999, *Le Claustrum,* Éditions du Hublot, Larmor-Plage.

PICKLER, E. 1975, Manifestations actuelles du syndrome d'hospitalisme dans les pouponnières, *Le coq héron,* n° 53, p. 4-40.

SCHORE, A.N. 1994, Affect regulation and the origin of the self : the neurobiology of emotional development, ERLBAUM N.J., Mahwah.

SCHORE, A.N. 2001, The effects of early relational trauma on right brain development, affect regulation, and infant mental health, *Infant Mental Health Journal* 22, p. 201-269.

SOARES-BOUCAUD, I., SIMON, J.-P. 2016, Maltraitances, psychotraumatisme et troubles cognitifs chez l'enfant, in *EMC Pédopsychiatrie*, 2016/N°16, Elsevier Masson, http://www.em-consulte.com/article/1068108/maltraitances-psychotraumatisme-et-troubles-cognit

SPITZ, R. 1963, *La première année de la vie de l'enfant : genèse des premières relations objectales,* Paris, PUF.

SROUFE, L.A. 1996, *Emotional development : the organization of emotional life in the early years,* New-York, Cambridge University Press.

STEINHAUER, P.D. 1996, *Le Moindre mal,* Montréal, Les Presses de l'Université de Montréal.

TARDOS, A., APPEL G. 1998, *Prendre soin d'un jeune enfant,* Ramonville Saint-Agne, Erès.

TREMBLAY, R.E. et coll. 2004, Physical aggression during early childhood : trajectories and predictors, in *Pediatrics,* 114, p. 4350.

TRONICK, E.Z. 1989, Emotions and emotional communication in infants, in *American Psychologist,* n° 44, p. 112-119.

VAN DER KOLK, B. 1996, The complexity of adaptation to trauma self-regulation, stimulus discrimination and characteriological development, in Van Der Kolk B., Mcfarlane, & Weisaeth L. (eds) *Traumatic stress: the effects of overwhelming experience on mind, body and society,* New York, Guilford Press.

WINNICOTT, D.W. 1947, La haine dans le contre-transfert, in *De la pédiatrie à la psychanalyse,* Payot, Paris, (1958), p. 72-82.

BESOINS FONDAMENTAUX DE L'ENFANT ET DROIT DE VISITE ET D'HÉBERGEMENT (DVH)

Dr Maurice BERGER

DEUX LOIS QUI PEUVENT D'ÊTRE ANTINOMIQUES

Il est important de comparer la manière dont ont été construites la loi de mars 2002 légalisant la résidence alternée (RA) et la loi de mars 2016 relative à la protection de l'enfant. Il est à noter qu'à la différence des lois précédentes sur ce sujet, Laurence Rossignol, Secrétaire d'État à la famille, a mis le mot « enfant » dans son intitulé au lieu du mot « enfance », pour bien indiquer que c'était de l'enfant réel dont il était question ici, et pas de principes généraux sur l'enfance.

La loi de mars 2002 a été élaborée à l'initiative d'une association de pères, SOS papa, sans qu'aucun pédopsychiatre ou psychologue clinicien de l'enfance ait été consulté. La loi de 2016 a été construite après qu'a été recueilli l'avis de plusieurs professionnels de l'enfance. Et elle s'est accompagnée d'une conférence de consensus rédigée après l'audition de nombreux praticiens expérimentés devant des comités d'experts français et internationaux. Ce travail a abouti à la rédaction d'un rapport de 124 pages sur les besoins fondamentaux de l'enfant dont la qualité scientifique ne peut être contestée (MARTIN BLACHAIS, 2017). Ces besoins sont décrits comme reposant sur la théorie et la clinique de l'attachement qui a fait l'objet de centaines de publications, et qui indique que dès les premiers jours de sa vie, un enfant a besoin de bénéficier de la présence d'un adulte figure d'attachement sécurisante, stable, fiable, prévisible, accessible, capable de comprendre ses moments de mal-être et d'apaiser ses tensions.

Afin de « contribuer à un corpus de connaissances transversales et à un langage commun partagé », l'ensemble des professionnels de l'enfance est actuellement formé progressivement aux données contenues dans ce rapport, dont plusieurs termes, mis en italique ici, méritent d'être soulignés.

Les besoins fondamentaux *universels* de l'enfant sont au service de son développement et de son bien-être. Le premier d'entre eux, la sécurité affective, est *un méta besoin qui surplombe tous les autres*, c'est-à-dire un besoin de « relations affectives *stables* », sans imprévu ni *disparition* prolongée de la personne qui offre cette relation. Le terme de stabilité revient de manière volontairement redondante, lié à celui de *continuité*. Le non-respect du besoin fondamental de sécurité affective et de stabilité par « *perturbation de l'écosystème familial* » est considéré comme *une maltraitance émotionnelle*.

L'autre savoir scientifique sur lequel repose la conférence de consensus est l'apport des neurosciences. Le non-respect des besoins fondamentaux crée chez l'enfant petit une situation de stress. Or *la plasticité cérébrale*[5] *est influencée par l'expérience jusqu'à 70 mois*, c'est-à-dire presque six ans, avec un maximum pendant les 36 premiers mois. « Les expériences que l'enfant fera dans cette période seront décisives pour la suite, au sens où elles définiront pour beaucoup le potentiel de l'enfant à se développer cognitivement, émotionnellement et socialement ». « L'exposition précoce au stress chronique pèse sur les capacités cérébrales et risque d'entraîner », entre autres :

- une perturbation du développement cérébral augmentant *le risque de désordres de l'attention* et des émotions,

---

[5] La plasticité cérébrale est la capacité du cerveau à se modeler, et le vécu influence sa structure physique et son organisation fonctionnelle

-une altération du développement du système biologique de gestion du stress, générant *un risque accru de problèmes anxieux et dépressifs*,

-un risque significatif de difficultés émotionnelles et interpersonnelles, incluant de faibles capacités de motivation, *de confiance et d'affirmation de soi* ».

On ne voit pas pourquoi un enfant aurait des besoins fondamentaux différents selon qu'il serait dans une situation de protection de l'enfance ou dans une situation de divorce conflictuel. Lorsque ce socle universel indique le besoin de sécurité affective et de stabilité comme méta besoin, il signifie clairement qu'il existe une hiérarchie des besoins, et que ce méta besoin passe avant les besoins des adultes. Donc une qualité importante que doit avoir un parent est la capacité de se décentrer de lui-même pour se centrer sur les besoins de son enfant, et accepter de différer ses désirs, nous y reviendrons. Quant au besoin et au droit d'un enfant d'avoir des contacts avec ses deux parents indiqué dans la CIDE, ils doivent être mis en œuvre en prenant en compte ce méta besoin.

On peut reformuler certains termes soulignés ci-dessus en les adaptant à la question du droit de visite et d'hébergement (DVH), d'autant que de plus en plus de couples se séparent peu après la naissance d'un enfant, et que de plus en plus d'enfants naissent aussi de ce que j'appelle un « non-couple », c'est-à-dire d'adultes n'ayant jamais vécu ensemble (l'enfant conçu accidentellement pendant la nuit du réveillon, par exemple). On constatera plus loin qu'on entre alors rapidement dans le domaine de l'appartenance au sens de la possession, à qui appartient l'enfant, au détriment de son besoin de stabilité.

Le besoin de sécurité affective et de stabilité se décline concrètement de deux manières, en mettant à part le besoin d'avoir des parents eux-mêmes « stables affectivement » : *la continuité et la temporalité* qui sont indissociables, sorte d'unité de temps et de personne.

La continuité est constituée en priorité par la permanence d'une personne, mais aussi par celle du cadre de vie. Un enfant a besoin de continuité comme nous avons besoin de l'air que nous respirons :

nous ne nous en rendons compte que lorsque nous en manquons. Dans ce registre, les besoins des enfants, en particuliers petits, sont les mêmes depuis des siècles, le demeureront pour les siècles à venir, et ils doivent être hiérarchisés en fonction de l'âge.

La temporalité concerne ici la durée d'une absence et d'une présence. Chaque décision de DVH contient une théorie implicite du fonctionnement psychique de l'enfant ou de l'adolescent et de son niveau de développement qui s'exprime entre autres en termes de temporalité, de rythme. Par exemple, à quel rythme un enfant peut-il voir un parent qui n'a pas l'hébergement principal pour que ce parent soit une personne signifiante dans son existence sans créer une discontinuité nocive avec sa figure d'attachement principale qui est alors inaccessible ? Comme on dit, l'enfant peut s'adapter, mais à quel prix chaque fois ?

Par ailleurs, il peut exister une conflictualité entre la temporalité des parents et celle des professionnels. La temporalité de certains parents concerne souvent l'immédiat, la crainte de ne pas prendre une place suffisante auprès de leur enfant parce qu'ils passent avec lui un temps qu'ils trouvent trop court par exemple, sans pouvoir penser aux conséquences de la discontinuité actuelle dans sa vie future. La temporalité du professionnel devrait être de penser aux besoins actuels de l'enfant qui doivent être pris en compte pour devenir un adulte autonome et « bien dans sa peau ».

La justice des affaires familiales qui s'occupe des situations de divorces et de séparations de couples peut être tiraillée entre raisonner en termes de litige, d'affaires privées, et penser en termes de l'intérêt général, l'intérêt pour la société d'avoir un enfant qui va bien. Certains juges des affaires familiales prennent des décisions protectrices du développement de l'enfant. Ainsi lors d'une audience, à partir de ses connaissances sur le développement affectif de l'enfant, une magistrate refuse l'accord des deux parents pour une résidence alternée concernant leur enfant âgé de 10 mois, et demande aux parties de revenir avec une proposition plus adaptée. D'autres juges prennent des décisions inadaptées au niveau temporalité, et l'enfant risque d'aller suffisamment mal pour que ces situations se retrouvent devant le juge des enfants, lequel peut proposer des dispositifs de suivis plus étoffés que la justice des affaires familiales. La limite entre ces deux champs devient poreuse. Le contexte est alors d'autant plus compliqué en protection de l'enfance qu'on se trouve devant une sorte de situation établie dont l'origine est lointaine. Il me semble qu'un important facteur de progrès consisterait à rapprocher organiquement la question du droit de visite et d'hébergement du champ de la protection de l'enfance, ce qui nécessiterait une modification de certains articles du Code civil.

En effet, la loi de 2002 ne propose aucun garde-fou solide concernant la protection du développement affectif d'un enfant. L'article 373-2-11 4° indique : «Lorsqu'il se prononce sur les modalités d'exercice de l'autorité parentale, le juge prend en considération (…) le résultat des expertises éventuellement effectuées, tenant compte notamment de l'âge de l'enfant», mais cette possibilité se heurte au fait que la majorité des experts actuels sont des psychiatres d'adultes ou des psychologues n'ayant pas de pratique clinique avec des enfants, et la plupart n'ont pas pris connaissance du rapport sur les besoins fondamentaux de l'enfant. Ces experts ne questionnent pas les parents sur la représentation qu'ils ont de ces besoins en fonction de l'âge de leur enfant. A tel point que le DR BENKEMOUN et moi-même avons dû créer en 2019 un Diplôme Universitaire «Expertise légale en pédopsychiatrie et en psychologie clinique de l'enfant» à l'Université Paris 5.

LES TROUBLES AFFECTIFS DUS A LA RÉSIDENCE ALTERNÉE CHEZ LES ENFANTS ÂGÉS DE MOINS DE SIX ANS

Le résultat de la loi de 2002 ne s'est pas fait attendre, et de très nombreux enfants ont présenté des troubles proches des troubles de l'attachement. En 2014, une enquête du REPPEA réalisée par E. IZARD sur 265 pédopsychiatres et psychologues cliniciens auxquels fut posée la question «Combien de fois depuis 1 an avez-vous constaté, selon votre évaluation, des souffrances induites par des résidences alternées chez des enfants âgés de moins de 3 ans, de 3 à 7 ans, et de plus de 7 ans ? », la réponse globale fut 895, répartis en 248 avant 3 ans, 321 entre 3 et 7 ans, 326 au-delà[6]. Rapporté au nombre de professionnels libéraux dans ces disciplines en France, le chiffre excéderait largement 20 000 situations.

Ces constatations cliniques, véritable problème de santé publique, ont été considérées comme suffisamment graves pour que 5120 professionnels de l'enfance signent une pétition en janvier 2014 demandant qu'aucune décision de résidence alternée ne soit imposée judiciairement avant l'âge de six ans. Une pétition de plus, dira-t-on. Oui, mais celle-ci n'a été signée que par des professionnels, elle se situe au-dessus des opinions politiques de chacun et des mouvements émotionnels, et parmi ses signataires figurent des grands noms de la pédopsychiatrie et de la psychologie française : les PR GOLSE, GUEDENEY, DELION, MYQUEL, ROUSSILLON, CICCONE, DE TICHEY, MELLIER, MERCADER, BRUN, CARTON, HOUSSIER, VIAUX ; un nombre important de Maîtres de conférence en psychologie et de pédopsychiatres eux aussi reconnus pour leurs travaux, dont M. SALMONA ET E. BONNEVILLE ; et F. DEKEUWER-DEFOSSEZ, Professeure émérite de droit privé, auteure d'un rapport demandé par S. ROYAL pour l'élaboration de la loi de 2002. Toutes ces personnes qui n'ont pas l'habitude de prendre des positions sans réflexion préalable, se seraient-elles trompées en demandant que soit appliqué un principe de précaution et de protection ? Nous nous centrons sur la tranche d'âge 0-6 ans car c'est la période où se construisent les fondements du fonctionnement affectif. D'autres troubles peuvent être observés chez des enfants plus âgés. Il faut insister sur le fait que ces troubles peuvent être observés lors d'autres modes de garde que la résidence alternée, tels que des week-end prolongés trop précocement ; un DVH saucissonné, 2 jours chez la mère puis 3 jours chez le père puis 3 jours chez la mère puis 2 jours chez le père ; la moitié des

---

[6] https://reppea.wordpress.com/sondage-aupres-de-professionnels/

vacances scolaires non fractionnée pour un enfant de 18 mois ; etc.. Et dans le décompte de l'absence d'un parent, on doit compter le temps en crèche ou chez une assistante maternelle. Ainsi un enfant confié à son père du vendredi soir au lundi matin ne voit pas sa mère pendant près de 4 jours, du vendredi matin, moment où elle l'a posé à la crèche, au lundi soir, moment où elle le récupère. Ceci renvoie à la notion de temporalité décrite plus haut. Il est fréquent qu'on arrive alors à un équivalent de résidence alternée qui ne dit pas son nom. Ceci pose la question de ce qui est contenu dans l'exigence 50 %/50 %, j'y reviendrai, sans oublier l'intérêt fiscal et financier à éviter une pension qui est un motif non négligeable dans ces demandes égalitaires.

CHEZ LES ENFANTS PETITS.

Dans ce contexte de vie, une quantité importante d'enfants de moins de trois ans et même souvent de moins de six ans, présentent immédiatement des troubles importants qui se caractérisent par :

- un sentiment d'insécurité, avec apparition d'angoisses d'abandon qui n'existaient pas auparavant, l'enfant ne supportant plus l'éloignement de sa mère et demandant à être en permanence avec elle, symptômes majorés le soir, moment où un enfant petit a le plus besoin de se sentir sécurisé ;

- un sentiment dépressif avec un regard vide pendant plusieurs heures, et parfois un état de confusion, de non-reconnaissance des lieux au retour chez la mère ;

- des troubles du sommeil, de l'eczéma ;

- de l'agressivité, en particulier à l'égard de la mère considérée comme responsable de la séparation ;

- une perte de confiance dans les adultes, en particulier dans le père, dont la vision déclenche une réaction de refus, etc. (BERGER M, CICCONE A, GEDENEY N, ROTTMAN H, 2004) ;

- et, problème essentiel, les psychothérapeutes expérimentés ne parviennent pas à améliorer ces troubles tant que persiste ce mode de garde.

- enfin au début de l'adolescence, cette angoisse de séparation peut se transformer en phobie scolaire difficile à traiter.

Dans tous les cas, ces troubles apparaissent après la mise en place d'un mode de garde inadapté à l'enfant.

CHEZ L'ENFANT PLUS AGE,

À partir de 5-6 ans, les troubles mettent souvent plusieurs mois à apparaître. Ils ont été décrits par E. IZARD (2012). Ce sont principalement :

- une souffrance dépressive et un sentiment extrême de solitude : « J'ai un cœur pour papa et un cœur pour maman, et pas de cœur pour moi »

- une angoisse de perte des personnes et des lieux, avec des angoisses lors des moments de départ, de sortie, des rituels obsessionnels de vérification qu'aucun objet ne change de place. Il s'agit d'un syndrome traumatique lié à la répétition des pertes : « J'aime l'eau, car seule l'eau ne change pas ».

- le sentiment d'être nié dans ses émotions par les parents : « Tout le monde se fout de ce que je ressens », qui a comme conséquence progressive un gel de ces émotions : « Ce n'est pas grave si maman me laisse partir, si elle ne m'aime pas ». « J'évite de m'attacher à mes parents ». Ceci peut s'accompagner d'une atteinte de l'estime de soi et d'agressivité.

- un clivage, certains enfants pouvant se représenter comme coupés en deux dans leurs dessins[7].

---

[7] L'ensemble de ces constatations a amené la publication de deux ouvrages collectifs : « Le livre noir de la résidence alternée », J. PHELIP, 2005, Dunod ; et « Divorce, séparations. Les enfants sont-ils protégés ? », J. PHELIP, M. BERGER, 2012,

Il est souvent avancé que ces troubles sont liés au conflit parental, l'enfant petit étant très sensible aux signaux non verbaux et aux tensions qui le concernent. Ce n'est que partiellement exact. En effet, E. IZARD a réalisé une étude puis un ensemble d'observations portant actuellement sur 50 enfants âgés de 3 à 17 ans, qui concerne des enfants vivant en résidence alternée consensuelle, c'est-à-dire décidée sans conflit entre père et mère, et suivis en psychothérapie par l'auteur.

Ils présentent les troubles décrits ci-dessus, et E. IZARD utilise à leur égard le terme de « clinique de l'enfant parfait », car ces enfants ne montrent pas leur souffrance à leurs parents qui sont satisfaits de cet aménagement du mode de garde, afin de ne pas les décevoir. L'intérêt de cette clinique est de montrer que des troubles comme ceux cités ci-dessus sont liés *uniquement à la discontinuité* due à la résidence alternée puisqu'il n'y a pas de conflictualité parentale dans ces situations. Et l'auteur constate que ces troubles ne disparaissent que lorsque les parents renoncent à la résidence alternée.

Par ailleurs, d'autres études qui incluent des échelles de conflit parental montrent que si les troubles présentés par l'enfant sont aggravés par la conflictualité entre les parents, c'est la résidence alternée qui est principalement à l'origine de ces troubles. Pour évaluer cela, la méthodologie est toujours la même, elle consiste à comparer trois groupes d'enfants d'âge homogène : groupe 1, parents non séparés ; groupe 2 parents séparés avec garde en hébergement principal chez un parent, groupe 3, parents séparés avec résidence alternée 65 %/35 %. Il faut souligner que dans la plupart des pays du monde, on parle de résidence alternée pour une répartition à 70 %/30 % ou 65 %/35 % du temps de garde (ce qui, pour les enfants plus grands, correspond au rythme un week-end sur deux, un soir plus une nuit, une semaine sur deux, et la moitié des vacances scolaires), et la France et la Belgique sont parmi les très rares pays à avoir un rythme de 50 %/50 %.

Dunod. Le travail de Jacqueline PHELIP, présidente de l'Association « L'enfant d'abord » a été essentiel pour le recueil des données scientifiques et judiciaires.

L'étude la plus rigoureuse méthodologiquement est australienne (MCINTOSCH, KELAHER, SMITH, 2010[8]). D'un coût de 6,3 millions de dollars, elle porte sur 2049 enfants répartis en 3 groupes d'âge, moins de 2 ans, 2 à 4 ans, 4 à 5 ans, que les chercheurs ont rencontrés dans la réalité, alors que dans beaucoup d'autres études, les chercheurs n'ont pas eu de contact direct avec les enfants. Elle montre que pour les enfants de moins de 2 ans, la résidence alternée a un effet indépendant des autres facteurs sur la présence et la fréquence de :

- troubles du sommeil
- pleurs dès que l'enfant est laissé seul pour jouer
- pleurs continus, inconsolables pendant de longues minutes
- hypervigilance et demande de maintien de contact à proximité
- asthme plus fréquent.

Les enfants en hébergement principal ont le meilleur score pour de tels troubles.

Il n'y a pas d'incidence sur le développement psychomoteur global. Seule la sphère affective est touchée.

De plus, on repère dès la tranche 2-4 ans des signes précurseurs de l'hyperactivité avec troubles attentionnels, comme indiqués dans le rapport sur les besoins fondamentaux. Ainsi pour les enfants âgés de 4-5 ans, le trouble attentionnel est à un niveau 0,6 (en score mesuré de 0 à 4) pour un enfant élevé dans une famille "intacte" (groupe 1) ; de 1 en hébergement principal (groupe 2) ; et de 3,5 en résidence alternée 35 %/65 %, c'est-à-dire 6 fois plus que le groupe 1. Beaucoup de pédopsychiatres remarquent que de plus en plus d'enfants présentent une hyperactivité avec troubles attentionnels. Les recherches présentées ici permettent d'émettre l'hypothèse que l'augmentation du nombre de séparations parentales, donc de la

---

[8] Voir aussi l'étude précise de Solomon et George (1999)

discontinuité au niveau des adultes de référence et du cadre de vie, constitue peut-être un facteur qui entre en jeu.

Il est à noter que l'étude de McIntosh ne montre pas que 100 % des enfants en RA vont mal, quel que soit leur âge, car il existe des sensibilités individuelles à la séparation qui peut s'accompagner du sentiment d'avoir perdu sa mère, et à la discontinuité pour chaque enfant petit, mais qu'un bon nombre ne la supporte pas, et on sait que pour ceux-là, dans la pratique, la décision judiciaire est le plus souvent irréversible en France[9]. Les auteurs constatent aussi que les enfants capturés par un conflit interparental ouvert ne tirent pas bénéfice de la résidence alternée. Et dans cette étude, 34 % des pères qui ont réclamé la RA avaient effectués des violences conjugales judiciairement définies dans l'année d'étude. Nous constaterons qu'une des motivations pour une demande de RA pour un enfant petit peut être une volonté d'emprise, à travers la garde de l'enfant, sur la conjointe qui s'est séparée de l'homme. Les caractéristiques qui permettent de prédire un bon arrangement parental partagé, avec une meilleure satisfaction de l'enfant sont :

- la flexibilité (non chaotique)

- une bonne base de coopération entre les parents avant la séparation, facteur essentiel

- un arrangement centré sur l'enfant et pas sur l'adulte

- une distance géographique faible entre les domiciles des parents.

Cette recherche a fait l'effet d'une bombe dans le monde des associations de pères et des prosélytes de la RA dès le plus jeune âge (en particulier pour soi-disant prévenir l'apparition d'un Syndrome d'Aliénation Parentale, concept refusé par la communauté scientifique internationale). Il fallait donc démontrer son absence de validité. Malgré l'exceptionnelle rigueur méthodologique de cette étude, on s'est donc mis à l'examiner mot après mot en cherchant le défaut de la cuirasse et en négligeant pour cela l'essentiel de ce

---

[9] Pour la description de la recherche de McIntosh et coll. au-delà de 5 ans et celle de Smart chez les adolescents vivant en résidence alternée, voir sur mauriceberger.net

qu'elle apportait. Sa valeur est donc constamment sous-estimée dans un bon nombre d'études qui ont été publiées en partie pour la contrer. Il faut être attentif au fait qu'il existe une désinformation constante avec de faux chiffres concernant la RA. Par exemple, les associations de pères écrivent que la RA est majoritaire dans l'État du Wisconsin aux USA alors qu'un rapport du Ministère de la justice suisse indique que cet État considère qu'il y a une RA à partir de 25 %/75 %. Etc.

Ainsi a été créé un organisme nommé ICSP (International Council on Shared Parenting) ayant pour but de promouvoir et de généraliser la RA et dont la branche française se nomme CIRA (Conseil International sur la Résidence Alternée) (BERGER, 2018). Cette association mène une campagne médiatique intensive (radios, internet, journaux) dans de nombreux pays sur le thème « il est maintenant prouvé scientifiquement que la RA est le meilleur dispositif pour l'enfant en cas de séparation parentale, quel que soit son âge et même en cas de conflit parental important », et elle organise à grand bruit des congrès de professionnels « convaincus ». La méthodologie des études présentées est très discutable, ce dont les lecteurs ne peuvent pas se rendre compte, car ils se contentent de lire les abstracts, résumés succincts de l'étude transmis aux médias grand public. Il faut souligner qu'aucun des auteurs de ces publications récentes pro RA ne fait part d'une pratique de consultation directe avec des enfants, certaines recherches étant même effectuées par voie postale.

Face à cette désinformation, il est important de se rappeler les chiffres du Ministère de la Justice en France publiés en 2013 (rapport Michel HUYETTE). Il y est indiqué que les parents sont d'accord sur la résidence des enfants dans 80 % des cas, dans 9 % un des parents n'exprime pas de demande, et il existe un désaccord seulement dans 10 % des cas. Dans les situations de désaccord, les juges fixent une résidence chez la mère pour 63 % des enfants ; chez le père pour 24,4 % des enfants, soit 2,4 fois plus de résidence chez le père que dans les situations d'accord entre parents (10 %) ; et une résidence alternée dans 12,3 % des situations[10]. On constate donc que la demande répétée d'une loi établissant la RA égalitaire comme norme n'émane que d'une très petite minorité de pères insatisfaits (6 % au plus contre 4 % de mères insatisfaites), ceci au nom de « tous les pères ».

LES ENFANTS NES D'UN NON-COUPLE

Il faut insister sur les situations évoquées d'enfants très petits nés d'un non-couple.

La question prédominante peut devenir celle du préfixe « co » dans le terme de « coparentalité », car ce qui devrait être du registre de la complémentarité des rôles, de l'association des deux parents dans l'éducation, est souvent pris au sens de « à qui appartient l'enfant ».

L'argument « il va en crèche dans la journée donc il peut passer la nuit ailleurs que dans son lieu familier » est inexact. L'enfant de moins de deux ans supporte la crèche si le temps qu'il y séjourne ne dépasse pas celui pendant lequel il peut garder dans son esprit l'image de sa figure d'attachement sécurisante, et on doit toujours se rappeler que la notion du temps n'est pas la même chez le bébé et chez l'adulte. Il supporte aussi la crèche parce que le soir, il revient dans son environnement familier. En effet, le soir, moment de la séparation et de la solitude, est un des moments où les petits peuvent éprouver le plus d'inquiétude. Mais le maximum de stress survient lorsqu'un enfant petit se réveille la nuit en n'étant pas dans sa chambre habituelle et sans que sa principale figure d'attachement soit présente (AAIMHI, 2015)[11]. Une étude a montré l'impact d'une

---

[10] Le taux d'accord est à 100 % dans les divorces par consentement mutuel, de 84 % dans les divorces contentieux, et de 70 % pour les enfants nés hors mariage. En cas d'accord, les parents choisissent alors la résidence chez la mère dans 71 % des cas, chez le père dans 10 %, et la RA dans 19 %.

[11] L'AAIMHI est la branche australienne de l'Association mondiale de santé mentale du petit enfant. L'Australie est un des pays au monde qui prête le plus attention au développement de ses enfants, et ses études sur ce sujet sont considérées comme extrêmement sérieuses.

ou plusieurs nuits passées de manière répétitive chez le père sur des enfants âgés de 12 à 20 mois dont les parents se sont séparés (SOLOMON ET GEORGE, 1999)). Ils sont deux fois plus nombreux à présenter les signes dits d'attachement insécurisé que les enfants vivant dans un milieu stable, et les auteurs soulignent que l'enfant ne se sent en sécurité ni chez son père, ni chez sa mère qu'il ressent comme insuffisamment protectrice lorsqu'elle le laisse partir. D'où les préconisations de progressivité pour les enfants petits proposées par les professionnels de l'enfance, entre autres par la WAIMH (Association mondiale de santé mentale du nourrisson) concernant le mode de garde du parent qui n'a pas la garde principale.

On peut donc dire qu'un des éléments qui définit la qualité parentale est la capacité de proposer un investissement relationnel qui ne mette pas à mal le besoin de continuité du bébé. Cela ne signifie pas qu'un père ne puisse pas être une figure d'attachement sécurisante, avec un style relationnel différent de celui d'une mère, mais que c'est la continuité des personnes et des lieux qui doit primer. Les dernières préconisations de l'AAIMHI[12] (2015) insistent sur le fait qu'il n'est pas nécessaire qu'un enfant passe des nuits chez son père pour nouer de forts liens avec lui. Ce qui compte, c'est la qualité de la relation proposée dans la journée, ce qui permet ultérieurement que des nuits puissent de dérouler sans inquiétude chez ce parent. Et l'enfant se sentira plus en sécurité si le temps partagé dans la journée se déroule dans son lieu habituel de vie, ce qui nécessite que la conflictualité ne soit pas trop forte dans l'ex couple. Et comme l'indique BRAZELTON (infra), le lieu d'hébergement principal peut être inversé si la mère présente des troubles psychiques importants[13].

---

[12] Une traduction de l'article de l'AAIMHI est disponible sur le lien suivant https://reppea.wordpress.com/publications-de-la-waimh-australienne/

[13] Il arrive que la RA puisse être importante pour un enfant petit dont la mère est très déprimée, et qui pourra bénéficier de la vitalité de la relation avec son père. Un autre débat concerne les mères qui demandent une RA pour pouvoir mener leur vie amoureuse avec moins de contrainte ; ceci soulève la question de ce qu'on accepte de différer quand on a un enfant. Au contraire, certaines mères vivent l'éloignement pour une nuit de leur enfant âgé de plus de 3 ans comme insupportable pour lui, alors

Un exemple : « *La justice a imposé un droit de visite et d'hébergement d'un week-end sur deux et la moitié des vacances scolaires chez le père alors que notre enfant âgée de seulement 6 mois n'était évidemment pas scolarisée, et rejeté ma proposition qui consistait à un planning progressif permettant au père de passer du temps avec sa fille deux soirées par semaines plus une journée entière chaque week-end, intégrant progressivement les nuits au fil du temps.*

Suite à la mise en place de ce rythme aberrant, j'ai vu mon enfant hurler le soir dès que je la couchais, paniquer dès que son père venait la chercher, ne plus vouloir me quitter même lorsque je me rendais aux toilettes, plus tard aller se cacher pour éviter que son père ne l'emmène. Cette enfant qui était calme, joyeuse, facile, est devenue angoissée, terrorisée en entendant le bruit d'un avion dans le ciel, s'est mise à retenir ses selles. Puis elle a fini par se renfermer sur elle-même au moment de chaque départ chez son père en se coupant complètement de ses émotions. »

Lorsqu'elle a découvert qu'elle était enceinte, cette mère a souhaité poursuivre sa grossesse et que son enfant ait un père. Dans ce contexte, beaucoup de femmes expliquent que pour cette raison, elles se sont empressées d'aller indiquer leur grossesse au géniteur.

Mais que se passe-t-il chez l'homme à qui il est demandé de prendre un rôle de père, alors que rien ne dit qu'il veut un enfant à ce moment ? Certains ne se sentent pas prêts pour diverses raisons et disparaissent. D'autres, au contraire, assument leur paternité en respectant le besoin de stabilité de l'enfant et la fonction maternelle, et ils prennent une place progressivement. Ils ont à la fois envie d'être père et ont confiance dans leur capacité à l'être, leur capacité à être intéressant, attirant pour un enfant. Ils peuvent s'appuyer sur une parentalité « interne » préexistante en eux. D'autres encore, qui n'ont pas cet appui, ne voient pas comment être père autrement qu'en prenant la même place que la mère. Face à ce flottement, le risque est que l'homme raisonne en terme quantitatif, être père serait avoir la garde de son enfant pendant suffisamment de temps.

---

qu'une expertise approfondie ne montre pas d'inadéquation éducative du côté paternel.

Mais surtout, beaucoup se tournent vers leurs propres parents pour les aider à être père, ils font appel à la génération qui les a eux-mêmes élevés. Et c'est alors que risque de se produire un conflit entre d'un côté le besoin d'une figure d'attachement stable et accessible, et d'un autre côté la question de l'appartenance.

Un bébé dont l'origine ne repose pas sur le désir partagé d'un couple fondateur, appartient à sa naissance à deux lignées distinctes et qui n'ont jamais eu de points communs, de projet commun, les adultes ne s'étant rencontrés que lors d'une ou de quelques relations sexuelles. L'homme ne voulait pas faire de sa partenaire sexuelle la mère de son enfant ou ne pensait pas à un enfant. Et l'enfant n'est pas conçu dans un projet qui consiste à créer une nouvelle lignée, une nouvelle descendance, sans rompre pour autant l'appartenance du père et de la mère à leurs familles respectives. Dans ce contexte apparaissent fréquemment des demandes de résidence alternée précoce, l'enfant devant dès sa naissance ou dès la fin de l'allaitement appartenir à égalité aux lignées paternelles et maternelles. Dans ce mode de pensée, si le père est absent une partie de la semaine pour des raisons professionnelles, il est normal que le bébé soit alors élevé par sa grand-mère paternelle plutôt que par sa mère, même si elle est disponible.

La demande de RA 50 %/50 % se situe alors dans ce registre, le bébé doit appartenir en stricte égalité, à la minute près, à chaque lignée. Ce positionnement est particulièrement rigide si la famille paternelle a un fonctionnement clanique où le père est d'abord un membre du corps-groupe familial avant d'être un individu porteur d'un projet personnel. On peut remarquer que dans une famille unie, on ne se soucie pas de savoir quel pourcentage de temps un bébé passe avec chaque parent. On comprend ici l'importance d'explorer les relations de chaque parent avec ses propres parents au cours d'une expertise.

D'autres configurations peuvent se présenter dans les situations de non-couple.

1/L'homme habité par la question de la possession

D'emblée, ou après être partis pendant plusieurs mois après la naissance du bébé et être revenus, certains pères expriment des exigences du genre RA à 11 mois, sans tenir compte du lien noué entre la mère et l'enfant. Il existe chez eux une sorte de fureur qui leur fait utiliser tous les moyens pour posséder l'enfant. Souvent conseillés par des associations de pères ou leur avocat et alors que le juge aux affaires familiales n'a pas encore eu le temps de statuer sur le DVH, certains pères vont chercher le bébé à la crèche ou chez la nourrice sans en informer la mère et le gardent plusieurs jours, car ils savent qu'au moment du jugement, les juges tiennent compte du mode de garde établi (art. 373-26-11 1° du Code civil). Ainsi une mère renonce à sortir de son appartement avec son nourrisson jusqu'à l'audience, seul moyen pour que le bébé ne soit pas rapté légalement, ce qui lui pose de sérieux problèmes professionnels. Peut-on argumenter à un niveau juridique qu'en agissant comme il le fait, le père crée une rupture dans le mode de garde établi ?

J'ai pu avoir accès à certains éléments du fonctionnement psychique de ces pères en tant qu'expert. De leur enfance, certains me disaient ne pas avoir été élevés par leur mère qui ne venait les voir que rarement, mais par leur grand-mère. Ils n'exprimaient aucune curiosité par rapport à cela, et pensaient qu'une mère ne servait à rien. D'autres avaient une représentation d'une mère sorte de monstre phagocytant l'enfant, et il fallait donc mettre en place une RA dès la naissance, seul moyen pour que le père sauvegarde ainsi sa place. Un autre encore me dit littéralement qu'il voulait avoir un enfant, et c'est pour cela qu'il avait relancé la relation avec sa compagne dont il était séparé, puis il s'en est re-séparé dès la naissance, alors qu'elle, elle voulait un enfant de cet homme qu'elle aimait. En clair, il se résignait à ce qu'il y ait une mère dans le circuit, mais s'en serait passé s'il n'y avait pas eu la pression sociale de l'époque. Donc ces fonctionnements paternels ne sont pas univoques, et il est possible que certains d'entre eux tentent de soigner ainsi certaines blessures de leur enfance, mais en en créant d'autres chez leur enfant. Beaucoup d'autres ont des traits de caractère paranoïaques et/ou pervers qui les amènent en particulier à ne concevoir leur enfant que comme une possession, traits de caractère renforcés par l'idéologie égalitariste actuelle et l'idéologie narcissique individualiste : « J'ai droit à ». La loi de 2002 a ouvert cette boîte de Pandore qui nous ramène à la toute-puissance du pater familias romain.

2/ Restent les hommes violents, très nombreux.

Certains juges aux affaires familiales n'en tiennent pas compte suivant le mantra « un mauvais conjoint peut être un bon père, et il n'est pas nécessairement violent avec ses enfants » alors que la demande de RA risque d'être un moyen de maintenir une emprise et de se venger sur la femme qui a osé partir. Rappelons que les situations de violence conjugale sont des contre-indications absolues à la mise en place d'une médiation. De plus, ce qui n'est pas pris en compte, au-delà des faits, ce sont les traits de personnalité paternels sous-jacents à ces violences et qui risquent d'être à l'œuvre dans les modalités de DVH exigées qui ne respectent pas les besoins fondamentaux de l'enfant, et dans la relation du père avec lui.

On constate donc que concevoir un bébé dans les contextes de non-couple est équivalent à prendre le pari de traverser à pied les yeux fermés une autoroute fréquentée. On en sort rarement indemne.

QUELLE PROGRESSIVITÉ PROPOSER ?

Deux calendriers sont proposés actuellement, utilisables en particulier en cas de fort conflit parental. Nous mentionnons ici celui de la branche française de la WAIMH. Le calendrier proposé par BRAZELTON peut être consulté sur le site mauriceberger.net pour les enfants âgés de plus de trois ans. Il existe un écart parfois important entre ces préconisations et les décisions judiciaires, mais ceci ne peut pas être un argument pour renoncer à ce que nous savons sur les besoins fondamentaux de l'enfant petit.

Octobre 2012

Branche française de l'Association Mondiale de Santé mentale du jeune enfant (WAIMH)

La WAIMH est une société scientifique qui a pour but :

- de travailler pour améliorer la santé mentale et le développement des nourrissons et jeunes enfants (âgés de 0 à 3 ans).

- d'augmenter la reconnaissance chez les professionnels et dans la société que la petite enfance est une période critique pour le développement psychosocial de l'enfant ;

CONSEILS POUR LA PROTECTION ET DE LA SÉCURITÉ PSYCHIQUE DU JEUNE ENFANT LORS DE SÉPARATIONS PARENTALES

Ce document est destiné à aider les familles qui divorcent ou se séparent, et les magistrats, dans les prises de décisions qui concernent l'hébergement de jeunes enfants. Il est reconnu que les préoccupations ou le conflit souvent associés à une séparation parentale sont stressants pour toutes les personnes impliquées et peuvent avoir des conséquences sur le développement psychique et sur les besoins émotionnels de l'enfant.

Un des besoins fondamentaux d'un jeune enfant est de disposer d'un attachement principal <u>continu</u> avec une personne disponible qui sait répondre aux signaux du bébé, et qui doit rester accessible en fonction des besoins que ressent l'enfant au fur et à mesure qu'il grandit.

La figure d'attachement principale est la personne qui s'est le plus occupée de l'enfant dès la naissance, c'est-à-dire la mère dans la majorité des cas.

La construction d'un attachement secondaire sain avec le second parent, le père le plus souvent, se passe alors de façon optimale pour l'enfant.

À partir des connaissances actuelles sur le développement infantile et des résultats de recherches en cours[14], la WAIMH propose les critères suivants qui doivent servir d'axe de décision lors d'une séparation parentale qui concerne un enfant de moins 3 ou 4 ans.

1. Si la séparation intervient avant la naissance ou dans les premières années de vie de l'enfant, il est primordial de lui assurer la continuité d'un lien d'attachement principal, tout en construisant ou en maintenant, si cela est possible, une relation chaleureuse et saine avec l'autre parent.

2. Les droits de garde fréquents incluant un hébergement la nuit durant les premières années de vie de l'enfant, même organisés avec une intention louable par les parents eux-mêmes, peuvent perturber très gravement le développement de leur jeune enfant. Durant cette période difficile à vivre pour tous, il est nécessaire d'aider les parents à comprendre les besoins spécifiques de leur jeune enfant.

3. De 0 à deux ans, les séparations nocturnes du parent avec lequel l'enfant a créé un lien d'attachement principal, la mère dans la majorité des cas, provoquent un stress important.

Les séparations nocturnes durant cette période critique du développement du bébé sont à proscrire.

D'une façon générale donc, si on a comme but essentiel de respecter les besoins de chaque enfant, on devrait éviter d'imposer avant l'âge de deux ans de passer une nuit loin du parent qui s'occupe principalement de l'enfant, sauf si on ne peut pas faire autrement.

Quant aux séparations diurnes d'avec la figure principale d'attachement, elles devraient être limitées à une durée raisonnable, qui peut augmenter avec l'âge de l'enfant.

4. Entre 2 et 3 ans, la plupart des enfants n'ont pas la capacité développementale nécessaire pour faire face à ces contraintes de séparation nocturnes régulières de leur figure principale d'attachement.

Il est en effet nécessaire d'attendre que l'enfant soit capable de :

---

[14] Voir aussi AAIMHI, 2015

- se représenter la figure d'attachement principale même lorsqu'elle est absente

- comprendre ce qu'on lui dit

- être capable d'anticiper les évènements au-delà du lieu et du moment présent, c'est-à-dire comprendre ce que « demain » (ou « un dodo ») veut dire

- savoir communiquer à propos d'évènements passés et futurs et exprimer verbalement ses besoins et sentiments élémentaires.

De plus, les parents du jeune enfant doivent être capables de :

- avoir une communication fluide et cordiale entre eux concernant l'enfant

- faire confiance à l'autre parent concernant la prise en charge de l'enfant

- éviter les conflits interpersonnels, lors de l'échange de l'enfant

- parler positivement de l'autre parent à l'enfant.

Moins les parents sont aptes à coopérer et à coordonner les habitudes routinières de l'enfant, plus cette situation exige de l'enfant un développement précoce forcé et particulier pour y faire face de manière autonome.

Dans les tribunaux de la famille, lorsque le conflit entre les parents ne favorise pas une réelle coopération parentale dans la prise en charge de leur enfant, les droits de visite avec séparation nocturne ne doivent commencer que lorsque la capacité de l'enfant à communiquer et à tolérer la séparation de la figure principale d'attachement est consolidée, généralement à partir de l'âge de trois - quatre ans.

Une séparation nocturne d'avec la principale figure d'attachement ne peut être envisagée, que lorsque l'autre parent *est déjà une source de sécurité* pour le jeune enfant. Dans les familles séparées, ce niveau de sécurité est atteint et maintenu pendant les premières années de la vie grâce à des contacts réguliers, 2 à 3 fois par semaine, basés sur des soins de jour qui respectent les routines de l'enfant[15]. Ceci permet à l'enfant d'acquérir la capacité de s'auto-rassurer, et de moins dépendre de sa figure d'attachement principale pour co-réguler ces états de stress. A ce stade, l'enfant est plus à même de faire face à un droit de visite avec séparation nocturne, entre des parents qui coopèrent et coordonnent ses habitudes routinières.

Il faut prendre soin, par ailleurs, de ne pas fragmenter l'emploi du temps de l'enfant, par exemple avec de longues journées en garde collective suivies de visites fréquentes chez le second parent. Lorsque la situation matérielle s'y prête, et lorsque le second parent est *déjà* une source de réconfort et de sécurité pour l'enfant, sa prise en charge en journée par le second parent devrait avoir priorité sur la prise en charge collective.

Généralement, dans la troisième ou quatrième année de vie de l'enfant, lorsque le développement de l'enfant, les conditions parentales et pratiques sont réunies, un droit de visite avec hébergement nocturne régulier chez le second parent peut être graduellement instauré, à faible fréquence, toujours en prêtant attention aux réactions de l'enfant. En conclusion, dans tous les cas de figure, la priorité doit être donnée à la sécurité émotionnelle de l'enfant.

---

[15] Brazelton propose un rythme de deux fois deux à trois heures par semaine jusqu'à six mois, puis trois fois trois heures. Deux de ces demi-journées seraient éventuellement regroupables sur une journée à l'approche des douze mois[15], ceci jusqu'à 2 ou 3 ans. Puis entre 3 et 6 ans, un week-end incluant une nuit puis deux nuits tous les quinze jours, et d'une journée une semaine sur deux de manière à ce que l'enfant rencontre son père toutes les semaines. Ceci nous paraît adapté, et à nuancer en fonction de la souplesse des pères à pouvoir être à l'écoute et à s'adapter aux besoins de l'enfant de voir sa mère. L'enfant, en cas de stress ou de besoin particulier de voir sa mère, pourrait être ramené chez elle de manière compréhensive par le père. C'est aussi ce que recommande la WAIMH..

BIBLIOGRAPHIE

AAIMHI. 2015, Infants and Overnight Care-post separation and divorce, internet, traduction sur le site du REPPEA sur https://reppea.wordpress.com/publications-de-la-waimh-australienne/

BERGER, M., CICCONE, A., GUEDENEY, N., ROTTMAN, H. 2004, La résidence alternée chez les enfants de moins de six ans : une situation à haut risque psychique, *Devenir*, vol. 16, n° 3, p. 213-228.

BERGER, M. 2018, *Remarques sur les études citées en faveur de la résidence alternée avant 3 et 6ans. Ou comment rouler dans la farine les médias et les politiques,* Thyma, http//www.thyma.fr

BRAZELTON, T.D., GREENSPAN, S. 2001, *Ce qu'un enfant doit avoir,* Paris, Stock.

MARTIN BLACHAIS, M. P. 2017, *Démarche de consensus sur les besoins fondamentaux de l'enfant en protection de l'enfance.* Récupéré sur https://www.cnape.fr/documents/publication-du-rapport-de-la-demarche-de-consensus-sur-les-besoins-de-lenfant/

HUYETTE M. 2013, La résidence des enfants de parents séparés », de la demande des parents à la décision du juge, *Parolesdejuges,* 27 novembre 2013.

IZARD, E. 2012, Troubles psychiques observés chez les enfants in J. Phelip, M. Berger, *Divorce, séparation : les enfants sont-ils protégés ?* Paris, Dunod, p. 77-102.

MCINTOSH, J., SMYTH, B., KELAHER, M. 2010, Post-separation parenting arrangements and developmental outcomes for infants and children, http://clallamcountybar.com/wp-content/uploads/2012/03/McIntosh-Post-separation-parenting-arrangements-and-developmental-outcomes-for-infants-and-children-Collected-Reports-2.pdf

PHELIP, J. 2006, *Le livre noir de la garde alternée*, Paris, Dunod.

PHELIP, J., BERGER, M. 2012, *Divorce, séparation : les enfants sont-ils protégés ?* Paris, Dunod.

SOLOMON, J., GEORGE, C. 1999, The effects on attachment of overnight visitation in divorced and separated familles, *Attachment and Human Development*, 1, p. 243-264.

SOLOMON, J., GEORGE, C. 1999, The development of attachment in separated and divorced families. Effects of overnight visitation, parent and couple variables, *Attachement and Human Development*, 1, p. 2-33.

LES IDÉOLOGIES EN PROTECTION DE L'ENFANCE : UNE EMPRISE HYPNOTIQUE ?

Eugénie IZARD

Dans cet article nous allons étudier la façon dont les idéologies qui sévissent en protection de l'enfance exercent une emprise sur les professionnels pour les amener à ne plus considérer les besoins de l'enfant donc à le traiter comme une chose un objet, de manière froide et sans compréhension de ses souffrances. Nous verrons aussi les procédés hypnotiques qui sont à l'œuvre et qui permettent à ces idéologies de s'implanter dans l'inconscient.

DÉFINITION

Le terme d'idéologie regroupe de nombreuses acceptions. Pour Karl Jasper l'idéologie est « une interprétation du monde qui représente la vérité absolue, mais sous la forme d'une illusion par quoi il se justifie, se dissimule, se dérobe d'une façon ou d'une autre, mais pour son avantage immédiat. » Pour René Kaes « la position idéologique se fonde sur la nécessité de construire une explication universelle sur la base de causalité unique » (KAES, 2016)

Nous intéressant à ce qui entrave la protection des enfants nous considérerons donc que les idéologies dans ce domaine sont des doctrines proposant un système unique et d'apparence faussement cohérente de représentations et d'explication des problématiques familiales, explications qui ne reposent sur aucune réflexion critique, scientifique et clinique et qui trouve sa cohérence au prix de dénis de pans entiers de la réalité.

Ainsi, nous retiendrons que les idéologies sévissant en protection de l'enfance sont des doctrines qui proposent un système unique de représentations et d'explications des fonctionnements familiaux et infantiles. Ces explications ne reposent donc sur aucune réflexion critique, scientifique ou clinique et ne trouvent une apparente cohérence qu'au prix de certains dénis de la réalité.

SITUATION CLASSIQUE

Typiquement, les dysfonctionnements idéologiques sévissent plus particulièrement dans les situations d'inceste, mais elles peuvent aussi se retrouver dans d'autres types de maltraitance. Ces situations évoluent toujours selon la même trame :

Une mère, le plus souvent dans les cas d'inceste, se fait le porte-parole des allégations de violences auprès des services sociaux ou judiciaires compétents que son enfant a révélé de son père. Mais rapidement au lieu d'être prises en compte ces violences vont être déniées et pire, les adultes censés le protéger vont retourner vont se retourner ses allégations contre lui. L'enfant se retrouve alors accablé soit de mentir soit d'être sous l'influence d'une mère vengeresse.

Ces projections ne sont corroborées par aucun élément de réalité, mais uniquement guidées par des principes idéologiques qui visent à nier l'existence des maltraitances et à perpétuer l'idéalisation paternelle. Que le père ait eu des antécédents de violences conjugales parfois même avoir été condamné pour cela, de dérives délictuelles, de condamnations à de la prison, ou même qu'il ait fait l'objet de plusieurs signalements ou d'expertises montrant des troubles psychiques ne changera rien à l'évaluation qui n'en tiendra pas compte.

De la même manière, les signalements de professionnels compétents montrant les souffrances vécues de l'enfant, rapportant avec fiabilité les allégations de violence et leur adéquation avec l'état psychique et les signes de traumatisme présentés par l'enfant n'auront aucune incidence sur le déroulement des évènements et sur sa protection.

Quelques semaines plus tard, lorsque les faits seront classés sans suite comme c'est le cas dans plus de 90 % de ces affaires, l'idéologie continuera d'alimenter le traitement qui en sera fait et l'on entendra ce raisonnement, absurde en soi, mais pourtant régulièrement tenu dans les institutions « si ces faits ont été classés sans suite c'est qu'il n'y a pas de preuve donc que c'est comme s'il n'y avait rien eu ». Un prétexte de plus pour continuer de fermer les yeux… Il est surtout important en réalité pour tous ces professionnels de verrouiller les suspicions de violences, non pas spécialement pour protéger l'individu agresseur, mais pour protéger leurs propres représentations internes de la réalité, leur idéalisation du réel, faire surtout pour eux-mêmes et pour le système dans lequel ils travaillent comme s'il n'y avait rien eu… Nous y reviendrons.

Un retour chez le père est donc rapidement orchestré de gré ou de force par les services chargés de la protection de l'enfance. Les cas d'enfants ayant dénoncé des incestes ou des violences gravement préjudiciables pour leur développement et dont les témoignages et les dossiers portent tout à fait à croire qu'ils sont d'authentiques victimes, mais que l'on force à retourner chez leur agresseur sont fréquents et notre réseau de professionnels en reçoit chaque jour.

Finalement, quelle que soit la situation réelle elle sera déniée et la mère et l'enfant se retrouveront diabolisés, accusés de mensonges ou de manipulation, et ceci malgré l'absence totale d'éléments objectifs justifiant d'éventuelles fausses allégations (ce qui pourrait être le cas en présence d'une pathologie psychotique, paranoïaque ou perverse de l'enfant ou du parent).

La mère est alors décrite toxique, fusionnelle sans aucun argument clinique ou psychopathologique étayant de telles thèses qui s'ancrent uniquement dans les représentations idéologiques du professionnel. La mère est tenue responsable d'alimenter les accusations de l'enfant contre son père ainsi que le «conflit» parental.

L'enfant lui est estimé soit menteur, soit enferré dans ses « fantasmes œdipiens » (ce qui est fréquemment évoqué dans les ordonnances judiciaires reprenant les évaluations et expertises). Or, sur ce dernier point du fantasme œdipien, il est important de préciser que le propre du fantasme œdipien est de contenir une part de refoulement et donc de n'être jamais « crû ». Les allégations

de violences sexuelles faites par des enfants avec des détails réalistes, crus, n'ont donc absolument rien à voir avec une fantasmatique œdipienne qui est de l'ordre d'une rêverie tendre et édulcorée.

Le père en parallèle sait parfaitement rallier tout le système à sa cause et se faire passer pour la victime. Il est même des situations où l'on peut mesurer l'ampleur de l'idéologie quand un intervenant est capable de défendre un père sans jamais l'avoir vu tout en remettant en cause les révélations de l'enfant avec autant de ferveur que d'absence d'argument clinique. Ainsi il n'est pas rare d'entendre : "Les maltraitances il faut relativiser" car "le problème c'est surtout que cette mère a monté l'enfant contre son père et qu'il est obligé d'adhérer à sa propre haine".

Et non rarement ces mêmes intervenants ne possèdent aucune compétence en psychologie, en psychopathologie familiale et encore moins dans la psychopathologie des violences sexuelles ou maltraitances, mais se retrouvent pourtant à dresser un tableau imaginaire sur une coalition pathologique entre un enfant et sa mère contre un père qui serait victime de ce complot. Leur seule référence est alors une soumission inconsciente à des principes idéologiques dont l'unique but est de nier l'existence des maltraitances et de la cruauté du monde.

Les intervenants sont dès lors pris au piège de l'idéologie et d'une idéalisation pathologique envers le parent maltraitant. Lorsqu'une telle équipe se met à subir de tels dysfonctionnements aucune réalité ne peut dès lors venir ébranler le système idéologique et l'évaluation réalisée. Une néoréalité est alors construite sur les nombreux dénis, clivages et interprétations délirantes du réel.

Voilà ce que l'on pourrait nommer un diktat de représentations idéologiques et qui sévit en protection de l'enfance.

L'IDÉOLOGIE DU SYNDROME D'ALIÉNATION PARENTALE (SAP) A L'ÉPREUVE DES ÉTUDES INTERNATIONALES SUR LES VIOLENCES SUR LES MINEURS

Nous l'avons vu, la figure du père maltraitant est donc évacuée, déniée, au profit de la formation idéologique d'une mère toxique, manipulatrice. Ces représentations archaïques et idéologiques ont malheureusement donné naissance dans les années 80 à la description d'une fausse pathologie par le psychiatre américain R. Gardner et appelée le syndrome d'aliénation parentale (SAP). Ce dernier décréta sans aucune démarche scientifique que la grande majorité des allégations d'agressions sexuelles sur les enfants étaient fausses et servaient à obtenir la garde lors des séparations. Elles étaient selon lui le fait de mères manipulatrices et vengeresses qui créaient de toutes pièces des fausses allégations contre le père et poussaient l'enfant par un lavage de cerveau à le haïr. Cette idéologie dont nous avons vu les dérives déjà naturelles permet ici de systématiquement renverser la culpabilité de l'auteur vers la victime. Le principe inhérent à cette idéologie repose sur la fausseté systématique des allégations et l'existence d'une emprise maternelle qui ne sont pas plus explorées l'une que l'autre. Cette théorie dont tout esprit à minima scientifique pourrait critiquer le raisonnement beaucoup trop simpliste et erroné a pourtant eu un effet manipulatoire très persuasif sur de nombreux professionnels et institutions.

Les conséquences de ces dérives sont que les enfants ne sont pas protégés et que parfois il est renvoyé chez son parent maltraitant. Pire, il peut et non rarement être en plus séparé de son parent protecteur dès lors jugé dangereux.

Loin de corroborer les observations de Gardner, les études internationales soulignent au contraire la fréquence des violences sexuelles et l'importance du déni qui les entoure. Les allégations d'agressions sexuelles en cas de litige de garde sont en effet très rares :

- Thoennes et Tjaden en 1990 ont étudié 9 000 familles en conflit à propos de la garde des enfants, dont 209 cas, moins de 2 % se sont compliqués d'allégations sexuelles. Parmi les 209 dossiers d'agressions sexuelles, seulement 17 % ont été classés comme indéterminés, sans que les critères soient précisés. (THOENNES & TJADEN, 1990)

- Les fausses allégations d'agressions sexuelles faites par des enfants sont très rares aussi, 2 % dans l'étude de Trocmé et Bala, 2005 invalidant le mythe des enfants menteurs : « Dans la plus grande étude du genre, des chercheurs de premier plan ont analysé l'étude canadienne sur l'incidence des cas de violence et de négligence envers les enfants signalés en 1998. Ils ont constaté que seulement 12 % des allégations de maltraitance ou de négligence envers des enfants formulées dans le cadre d'un litige concernant l'accès des enfants étaient intentionnellement fausses… Notamment, ils ont constaté que la principale source (43 %) de ces signalements intentionnellement faux était des parents non gardiens (généralement des pères). Les proches, les voisins ou les connaissances représentaient encore 19 % des faux rapports. Seulement 14 % des fausses déclarations sciemment ont été faites par des parents gardiens (généralement des mères) et 2 % par des enfants (Trocme et Bala, 2005). »

Aussi, les allégations provenant des enfants eux-mêmes, ce qui est la grande majorité des situations cliniques auxquelles nous sommes confrontés, sont extrêmement rares, 2 % dans cette étude.

- Les comportements aliénants ne sont présents que dans 0,04 % des conflits parentaux (étude du Ministère de la Justice du Canada, en 2003).

- Et aussi plus récemment les études de Meier et Sielberg montrent les biais de genre dans les évaluations et les innombrables cas de non-reconnaissance des agressions sexuelles sur les mineurs (MEIER, 2013) (MEIER, 2017) (SIELBERG, 2013).

On sait aussi qu'en France plus de 95 % des faits de viols sur mineurs enregistrés par la gendarmerie et la police n'aboutissent pas à une condamnation pénale pour ces mêmes faits (Berger M., 2017). Par ailleurs le fait qu'il existe moins de 2 % de fausses allégations émanant d'enfants en matière d'allégations pour inceste dans la grande majorité des études internationales nous amène à penser que l'immense majorité de ces situations qui subissent des classements sans suite sont d'authentiques enfants en danger qui ne seront pas pris en compte. De telles statistiques prouvent que de tels raisonnements, prônant de manière aussi caricaturale que l'enfant ment ou est aliéné, n'ont aucune validité scientifique et relèvent de pratiques sans aucune objectivité voire de charlatanisme.

Il y a une véritable urgence à sortir de ce déni, de ces mythes, de ces idéologies de l'enfant menteur ou manipulé.

De plus ces classements sans suite massifs ne font que renforcer les dénis déjà à l'œuvre en protection de l'enfance et entravent ainsi la protection effective de ces mineurs. La vérité judiciaire prend la place d'une vérité historique en dépit de l'incohérence d'un tel amalgame. Et les enfants sont contraints de retourner chez le parent agresseur et la plupart des professionnels concernés font « comme s'il n'y avait rien eu ».

PSYCHOPATHOLOGIE ET DENI DANS L'IDÉOLOGIE

Dans ces situations on note l'existence d'un colmatage entre l'espace imaginaire et le réel et le fait que tous les espaces psychiques individuels deviennent amalgamés et indifférenciés.

Comme le montre R. KAES, dans l'idéologie radicale, le sujet ou le groupe est totalement soumis à la tyrannic et à l'emprise de l'idéologie et cela afin de « lutter contre des angoisses [dépressives] (…). Mais dans le même mouvement, elle (l'idéologie radicale) dévoile d'autres angoisses de nature persécutoire, dont elle se débarrasse en se donnant des objets à attaquer : « mauvaises » pensées, ennemis externes » (KAES, 2016). R. Kaës nous rappelle que l'élaboration d'un système idéologique sert de « défenses contre les menaces de destruction interne et externe, de soi et de l'objet-groupe (…). L'idéologie fonctionne, dans cette perspective, comme appareil à exclure tout élément régressif menaçant les adhérences narcissiques à l'objet groupe ou à ses représentants idéaux." Ceci nous permet de comprendre les réactions projectives des professionnels qui utilisent les mères protectrices comme bouc émissaire, mauvais objet à attaquer et dont il devient impératif de se débarrasser pour lutter contre les menaces internes de chaos et d'effondrement.

Il est important de comprendre que l'idéologie dans le groupe se fonde sur un processus défensif « de liaison par le déni » (KAES, 2016) qui a pour but d'éviter une confrontation à la perte et à la souffrance.

La position idéologique dite radicale s'inscrit dans l'archaïque et plus particulièrement dans un fonctionnement psychotique du lien intersubjectif. Cette position idéologique a selon René Kaes des particularités : elle « est impérative, soupçonneuse, elle n'admet aucune différence, aucune altérité et prononce des interdits de pensée. Elle est sous-tendue par des angoisses d'anéantissement imminent et par des fantasmes grandioses de type paranoïaque […] La position idéologique radicale est une organisation narcissique fondée sur un déni collectif de perception de la réalité au profit de la toute-puissance de l'Idée, de l'exaltation de l'idéal et de la mise en place d'une Idole, fétiche. » (KAES, 2016)

En protection de l'enfance le déni principal porte sur la réalité des maltraitances. Il s'agit d'une position défensive qui refuse de voir la cruauté du monde, mais aussi parfois d'affronter sa propre histoire traumatique16. Dans les situations d'inceste, comme le traumatisme est omniprésent tant pour l'enfant que pour les professionnels qui s'en occupent, l'impossible à penser le suit inévitablement. Le

---

16 Le déni de Freud sur l'existence d'authentiques violences sexuelles chez ses patientes et en particulier des incestes paternels et l'abandon au bout de 2 ans de sa première théorie reconnaissant l'origine traumatique des névroses (neurotica) pour la remplacer par une origine traumatique purement fantasmatique est à ce titre éclairant.

professionnel, débordé par l'excitation du trauma est alors altéré dans ses capacités de refoulement. Aussi, afin de retrouver au plus vite le calme interne, la voie du déni et de l'alliance dénégatrice (s'allier à quelqu'un pour maintenir ce déni) sera la plupart du temps privilégiée.

D'autres dénis sont présents en particulier ceux qui visent à maintenir l'idéalisation d'une figure paternelle toute-puissante, vestige toujours actif de la toute-puissance infantile. C'est ce que dénote cette assertion idéologique aberrante que nous entendons fréquemment : « ce n'est pas parce que cet homme a été un mauvais mari qu'il est un mauvais père ». Relevons au passage l'euphémisme « du mauvais mari » pour parler d'hommes souvent extrêmement violents, non rarement condamnés pour ces violences conjugales.

L'idéologie progresse d'autant plus facilement chez ceux qui vont y adhérer que le terrain est déjà miné par des angoisses de perte, voire des traumatismes antérieurs. Ceci facilite son implantation et de telles failles vont pouvoir faire le lit de l'idéologie chez les sujets et les groupes qui les présentent.

Pour René KAES les alliances inconscientes constitutives de la position idéologique ont « pour principale fonction d'assurer notre capacité de ne pas penser et de maintenir, par des identifications narcissiques fondées sur le déni et sur le clivage, la cohésion imaginaire conjointement du Moi de ses sujets et de l'ensemble qu'ils forment. » L'assujettissement à l'idéologie « crée une pensée contre le penser » (KAES, 2016). Le prix à payer pour le sujet est la soumission à une aliénation assujétissante au groupe (et à l'idéologie qu'il soutient), mais il lui apporte en retour l'évitement de l'angoisse de castration c'est-à-dire de la perte, de la différence, de la solitude inhérente à notre singularité.

Les idéologies anti-victimaires qui sévissent pour amener à dénier les maltraitances et les incestes contiennent dans leur propre énoncé cette « interdiction de penser » dont nous parle R. KAES. À ce titre l'idéologie du SAP (syndrome d'aliénation parentale) qui fait des ravages depuis longtemps en protection de l'enfance, est fort instructive. Dans le SAP il est interdit de penser toute autre configuration de fonctionnement familial qui prendrait en compte la complexité de la situation. Mais surtout et plus gravement il interdit de penser la réalité des violences sexuelles du père. Le principe même de cette idéologie est d'exclure d'emblée cette hypothèse dans son énoncé : les enfants sont aliénés et mentent. Il est important de souligner ici le paradoxe de Gardner qui d'une part accuse les mères de mentir et d'être aliénantes, d'inventer de fausses accusations d'inceste, posant donc comme principe que les incestes ne sont que des inventions malveillantes de mères vengeresses, mais d'autre part se promeut la dépénalisation de l'inceste. Si l'inceste n'existe pas comme il le prétend dans le SAP, pourquoi considère-t-il que « la société a une attitude excessivement punitive et moralisatrice envers les pédophiles », pourquoi demande-t-il en 1995 que soit aboli le signalement obligatoire et supprimée l'immunité des personnes qui signalent des abus sur enfant et pourquoi indique- il que « les enfants peuvent être aidés à reconnaître que les rencontres sexuelles entre un adulte et un enfant ne sont pas universellement considérées comme des actes répréhensibles » (Dallam, 1999), (ROMITO & CRISMA, 2009)

En réalité tout ceci montre l'immense manipulation de Richard Gardner bien montrée dans l'article dont le seul but fut en réalité de défendre les pédocriminels par l'invention de sa fausse théorie du SAP qui n'a été au final qu'une stratégie pour manipuler l'opinion et protéger les pédocriminels. Stratégie perverse qui malheureusement continue de se déployer et d'influencer les décisions de justice.

QUELLES IDÉOLOGIES SÉVISSENT EN PROTECTION DE L'ENFANCE ?

LES PRINCIPALES IDÉOLOGIES OBSERVÉES CES DERNIÈRES ANNÉES SONT :

- L'idéologie du SAP que nous venons de voir.

- L'idéologie de la coparentalité : idéologie souvent responsable d'entraver l'éviction d'un parent toxique et qui a poussé au développement de la résidence alternée systématique, en toutes circonstances et quel que soit l'âge de l'enfant.

- La résidence alternée chez l'enfant petit qui va à l'encontre de toutes les connaissances que nous avons sur les besoins de l'enfant et en particulier le besoin de continuité d'un objet d'attachement.

- Les idéologies familialistes et *celles idolâtrant la place du père (ou de la mère même si c'est plus rare)* sévissent aussi régulièrement en protection de l'enfance.

Ce que toutes ces idéologies ont en commun est le déni des besoins fondamentaux des enfants en particulier du besoin de continuité et de stabilité, mais aussi de leurs besoins de protection. Ce déni est maintenu au profit de l'idéalisation pathologique d'une idole (idolâtrie d'un parent) ou d'une idée (idolâtrie de l'égalitarisme) qui est constitutive de la position idéologique.

L'ÉGALITARISME EST UNE IDÉOLOGIE QUI A VÉRITABLEMENT DÉVOYÉ LE SENS PROFOND DU DROIT :

L'égalitarisme prône un nouveau paradigme, un droit « égalitaire » qui s'appliquerait pour produire une égalité parfaite entre tous dans une uniformité qui ne tiendrait plus compte des différences originaires. Pourtant le droit fonde sa légitimité sur la protection du groupe et en particulier des plus faibles, ceci ayant pour fonction d'éviter que la force brutale des plus forts ne s'impose aux plus faibles.

En aucun cas il ne fonde sa légitimité sur l'égalitarisme. Contrairement à ce qu'il feint de revendiquer, l'égalitarisme va par essence à l'encontre d'un système plus juste et équilibré, d'une protection des plus faibles et d'une meilleure justice sociale.

IDÉOLOGIES ET SYSTÈME DE DOMINATION

Dans toutes ces idéologies, les enfants sont les victimes de cette « force brutale » qui leur impose souffrances pour que d'autres adultes puissent continuer de jouir de leurs privilèges et de leur pouvoir de domination. Tout cela va inéluctablement à l'encontre du travail de civilisation… Car ces idéologies et leurs applications contribuent à l'inévitable réification de l'enfant et font régresser la civilisation vers la barbarie.

Il faut remarquer que la domination est bien un des enjeux barbares des idéologies. Et c'est ce qui explique sans doute qu'elles sont toujours soutenues par un système répressif et coercitif qui est finalement toléré à l'échelle sociétale et qu'aucun pouvoir politique ne s'érige à combattre. Cette domination mortifère et destructrice se traduit par des actes extrêmement violents à l'encontre de certaines mères et des enfants. Ainsi, des mamans peuvent passer deux nuits en garde à vue puis être ensuite condamnées au pénal pour non-présentation d'enfant alors qu'elles n'ont fait que dénoncer des incestes et tenter de protéger leurs enfants de contacts très dangereux. D'autres se voient arracher des bébés ou des enfants tout petits alors qu'elles n'ont pris que des mesures de protection vis-à-vis de leur enfant après avoir suspecté des violences du père. Ces mères demeurent ensuite, en France, privées à long terme de leurs droits de visites et d'hébergement avec leurs enfants. Nous ne pouvons plus douter de l'aspect coercitif extrêmement violent du système patriarcal qui œuvre dans notre pays et qui s'appuie sur cette propagande idéologique, en particulier celle du SAP, pour mieux exercer son despotisme. Patric JEAN dans son livre « la loi des pères, une enquête-choc sur l'aveuglement de la justice et de la société face à l'inceste et à la pédophilie » montre avec brio, témoignage à l'appui, la façon dont notre système est organisé pour continuer d'interdire la libération de la parole des enfants victimes, il en révèle les causes, en particulier l'imposture du SAP, les mécanismes et les conséquences dramatiques.

VULNÉRABILITÉ HUMAINE À L'ADHÉSION AUX POSITIONS IDÉOLOGIQUES ET À L'EMPRISE

Ne nous le cachons pas, nous sommes tous des êtres très influençables. La suggestibilité du sujet fait que certaines rencontres sont propices à l'aliéner dans les rets des suggestions idéologiques et des liens d'assujettissement qui les accompagnent dès lors qu'ils sont susceptibles d'apporter des potentialités à la réalisation des désirs et besoins du sujet ou du groupe, dès lors qu'ils savent habilement raviver les vestiges de nos désirs de toute puissance infantile.

Peu de personnes sont en vérité capables d'y résister... Et encore plus si le sujet ou le groupe est fragilisé par des attentes déçues, des désirs inassouvis, des souffrances qui constituent dès lors un boulevard pour ancrer l'idéologie. Une fois installée, l'adhésion idéologique a l'effet d'une drogue sur le psychisme, fascinante elle s'impose alors comme essentielle à la survie.

LES PROCESSUS HYPNOTIQUES AU SERVICE DES IDÉOLOGIES

LES BIAIS DE RAISONNEMENT ET DISCURSIFS UTILISES DANS LA MANIPULATION IDÉOLOGIQUE

Dans la vie, nous sommes obligés d'admettre un certain nombre d'idées et de concepts pour pouvoir avancer sans avoir à tout vérifier, c'est un principe élémentaire de survie. Ainsi, nous nous appuyons sur la transmission des personnes en qui nous faisons confiance et en leurs expériences ou connaissances ainsi que sur les discours d'apparente cohérence que nous croisons. Aussi, nous ne vérifions jamais le bien-fondé de chaque terme par exemple. Nous nous approprions ainsi, à partir de ce pacte de confiance inhérent à ces communications, la part culturelle de notre civilisation ainsi qu'une grande partie de nos connaissances scientifiques. Notre regard sur la réalité du monde est donc construit à partir de cette transmission provenant des autres, ce qui le rend perméable aux aléas des connaissances, aux erreurs potentielles, mais aussi aux manipulations malveillantes.

La manipulation résulte de biais discursifs et de défauts de raisonnement qui sont induits par l'idéologie même. De façon caractéristique elle procède par manipulation du contenu du discours et par détournement de la logique de l'argumentation. Nous allons maintenant analyser chacune des manipulations observées qui doivent impérativement nous alerter à chaque fois que nous les entendons et nous contraindre à ne pas considérer ces discours manipulatoires.

- **Les cadrages manipulatoires des contenus :**

Le fait de cadrer, c'est-à-dire de faire focaliser la personne sur un contenu particulier en omettant de prendre en compte la globalité de la situation, procède à la manipulation. C'est le cas de la métonymie qui est le fait de prendre la partie pour le tout, des généralisations, des amalgames, des banalisations. Comme banalisation par exemple nous connaissons tous l'euphémisme du « mauvais » mari pour évoquer les violences conjugales en modifiant la réalité en laissant entendre que le mari ne remplit juste pas bien son rôle…

- **Les détournements de l'argumentation par détournement de la logique discursive vont permettre la construction de l'énoncé manipulatoire :**

Ces manipulations de l'argumentation ont été décrites dans l'excellent ouvrage de Philippe Breton sur l'argumentation dans la communication (BRETON, 2006). Nous en reprendrons certains qui nous intéressent ici.

Les détournements de la logique procèdent fréquemment par :

- ✓ **Cadrage :** il s'agit de cadrer le réel sur ce qu'on veut souligner. Il s'agit de cadrer les perceptions du réel comme si l'on regardait dans un tunnel. On parle d'ailleurs aussi de vision tunnel. Concernant le détournement de la logique, c'est le processus de la logique qui est cadré selon un seul mode d'interprétation du monde. Ceci est un fonctionnement typique de la paranoïa qui interprète le monde selon une logique tunnel de sa position de victime persécutée omettant de considérer les variations des émotions humaines et surtout ses propres actes d'attaques, sa posture de persécuteur qui ont conduit à la situation. La logique est détournée pour que l'on ne considère que sa position de victime et oblitérer sa position d'auteur. C'est un processus très fréquent de manipulation dans la défense des auteurs de violences sexuelles et le SAP en est un archétype indéniable.

✓ **Analogie :** l'analogie utilise la comparaison ou la métaphore pour comparer en laissant croire qu'il s'agit de la même chose. Cela permet de détourner de manière subtile la logique à l'insu de l'interlocuteur. Un argument souvent très efficace est d'induire la comparaison avec l'interlocuteur ou une personne qu'il estime, un idéal. Dans les violences sexuelles il s'agit d'induire l'identification à l'auteur « c'est comme si cela vous arrivait à vous, vous voyez bien que c'est forcément une accusation fallacieuse », en omettant de considérer la réalité globale de la plainte de la victime. Il s'agit aussi de faire analogie avec des mythes, des stéréotypes, ce qui est très efficace : toutes les femmes sont vengeresses quand on les laisse tomber, les enfants sont menteurs ou sont incapables de faire la différence entre le réel et l'imaginaire. Ce procédé est très utilisé en politique, il vous suffit de prêter l'oreille à leurs discours truffés d'analogies.

✓ **Arguments d'autorité** : il suffit de dire que telle personne reconnue a dit ce qu'il s'agit de démontrer et même si la personne n'a nullement étudié ce sujet de manière scientifique cela suffira pour influencer l'interlocuteur.

- ✓ **Arguments de communauté :** il s'agit des présupposés communs que nous partageons donc tous et qui sont très efficaces pour induire des détournements dans la logique du discours. « On sait tous que les enfants racontent des histoires ».

- ✓ **Dénis :** la manipulation idéologique procède toujours par dénis, annulations de pans entiers de réalité.

- ✓ **Combinaisons :** ces différentes figures peuvent être combinées, par exemple pour l'idéologie de la mère malveillante dans le SAP il y a un cadrage sur la mère qui efface la figure du père coupable qui lui est hors du tunnel et en même temps ce concept s'appuie par analogie sur des présupposés archaïques communs au groupe qui est que les femmes peuvent être malveillante comme chacun peut le reconnaître au fond de lui avec le mythe de la sorcière.

- • **L'interdit de toute contradiction :**

Dans le discours idéologique, des interdits souvent violents et coercitifs de toute autre forme de pensée, de critique tant sur la forme que sur le fond sont posés. Toute contradiction verra se déchaîner une foule de représailles violentes. C'est un indice très important qui permet de mesurer le basculement vers l'idéologie. Il ne s'agit plus ici de conflictualiser des positions ou des représentations différentes, mais d'écraser à tout prix pour faire taire sur ce qui doit être à tout prix dénié.

EN QUOI CES PHÉNOMÈNES S'APPARENTENT À L'HYPNOSE ?

Les techniques d'endoctrinement, de conditionnement et persuasions mentales qui sont associées aux propagandes idéologiques utilisent en réalité un certain nombre de procédés dont nous connaissons parfaitement les effets hypnotiques.

Voyons à présent les procédés reconnus qui permettent d'induire un état hypnotique. Il s'agit de l'utilisation des :

- **Archétypes et mythes :**

 Les archétypes ont été décrits par Jung comme des prototypes métaphoriques. Nous savons qu'ils s'implantent avec autant de facilité qu'ils sont déjà présents dans nos représentations communes. Leurs sources courantes sont les rêves, les mythes et les contes de fées. Ils sont souvent des vestiges de nos croyances infantiles.

Parmi eux nous retrouvons l'archétype de la mère manipulatrice et vengeresse contre un père victime de complot, mais aussi celui de la femme castratrice ou encore de la mère fusionnelle qui engouffre ses enfants.

Nous partageons tous ces archétypes au fond de notre inconscient, ils sont les vestiges de nos fantasmes infantiles. À titre d'exemple, l'idéologie du SAP vient en réalité directement produire une résonnance avec l'archétype de la mère archaïque ensorceleuse et vengeresse et activer les noyaux de folie infantile qui vont pouvoir transformer le sujet manipulé en un nouvel acteur prosélyte.

Notre langue française contient beaucoup de mots chargés d'émotions, mais *certains mots images* déclenchent des réactions émotionnelles plus fortes que d'autres et sont connus pour être des mots hypnotiques.

Les archétypes font résonnance avec l'inconscient archaïque du sujet et par leur valeur métaphorique ils déploient leur fort pouvoir suggestif et hypnotique. La puissance hypnotique des archétypes et des mythes est bien connue depuis longtemps et ils sont couramment utilisés en hypnose pour suggérer des changements chez le patient.

- **Métaphores et analogies :**

Très utilisées en hypnose, elles sont très puissantes pour engendrer des suggestions.

- **Truismes :**

Ce sont des assertions admises de tous. Ils induisent un état de confiance et de transe hypnotique, mais peuvent aussi servir à orienter une suggestion « ex : tout le monde sait qu'après l'orage vient le soleil » pour suggérer que la situation va se calmer. Ils constituent ce que Philippe BRETON regroupe sous le terme d'arguments de communauté (BRETON, 2006).

Les multiples publications qui contribuent à relayer la propagande idéologique créent ce que Bion a appelé « une mentalité groupale »[17], une pensée conformiste décervelée qui ne s'appuie plus dur des éléments de réflexion objectifs et rationnels. C'est ainsi que les multiples articles publiés dans des médias officiels ou par des voies d'apparence plus scientifiques (colloques, livres…) contribuent à uniformiser nos croyances sans aucun garde-fou, car ils ne sont jamais filtrés ou critiqués. Malgré leurs inepties, leurs nombreuses assertions erronées leur publication est gage de validation et de confiance pour le commun des mortels et ils sont ainsi adoptés pour vrai par une grande partie de la communauté. Tout ceci contribue à construire des croyances et des représentations communes fausses et idéologiques. Ces truismes maintenant admis de tous auront ensuite par la suite un fort pouvoir hypnotique sur la communauté.

- **Confusion psychique**

Elle est provoquée par un énoncé incohérent ou saturant (on donne beaucoup d'informations en même temps de manière à saturer). La confusion induit un état hypnotique qui est très utilisé pour permettre une facilitation de « l'inconscient » en hypnose Ericksonienne pour soigner. Mais malheureusement, il est aussi un

---

17 « Bion souligne l'universalité du phénomène : les hommes communiquent sans peine à ce niveau de décervelage où les échanges se caractérisent par le conformisme et la vacuité alors que chacun sait combien ils peinent à concilier leurs points de vue dans les réunions de travail. Telle est donc à ses yeux la « mentalité groupale » : volonté anonyme réfractaire à toute expression subjective authentique ; unanimisme insidieux d'un on qui court sans crier gare autour des tables de réunion, chacun des participants se voyant divisés entre ce qu'il attend personnellement du groupe et l'entraînement par cette lame de fond qui l'irresponsabilise au prix de le dépersonnaliser. » (MANSUY, 2010)

procédé de prédilection chez les pervers et les paranoïaques dont le discours s'inscrit de manière pathologique dans une subversion de la logique et des manipulations cognitives par détournement des arguments discursifs. Tous ces procédés naturels chez eux induisent une confusion psychique et un état hypnoïde ce qui permet de comprendre la puissance des phénomènes d'emprise dans lesquels les victimes sont enferrées.

- **L'hypnose conversationnelle**

Ces techniques peuvent aussi être utilisées de manière beaucoup plus subtile en hypnose conversationnelle à l'insu de son interlocuteur. Leurs techniques reposent sur deux procédés :

✓ **La métaphore** (en racontant des histoires)

✓ **Le mirroring** (parler de quelque chose en rapport avec ce que la personne vit)

En hypnose conversationnelle, par identification, la personne va s'approprier de nouveaux modes de pensées. Ce mode de conversation consiste à permettre d'être réceptif aux suggestions, tout en contournant le filtre critique de la personne : c'est la formule A.C.S de l'hypnose conversationnelle qui préconise de capter l'attention de son auditoire (= À : Attention), le placer dans un état de passivité et de réceptivité mentale, tous deux propices à endormir leur esprit critique (= C : Contourner son esprit critique, en lui racontant une histoire qui fait écho, un mythe, un archétype…) Et enfin faire tranquillement passer son message qui viendra se planter au cœur de leur esprit inconscient (= S : Semer la suggestion)

Les pervers et encore plus puissamment les paranoïaques manient avec brio tous ces procédés hypnotiques : confusion, amalgames, cadrages manipulatoires (euphémismes, banalisations), subversion de la pensée logique, et toute la rhétorique sophistique que nous avons vue... En d'autres termes ils font de l'hypnose conversationnelle à chaque phrase qu'ils prononcent. Aussi seuls des professionnels ayant ces connaissances et/ou ayant des capacités personnelles à se protéger de ces influences devraient être habilitées à s'occuper de ces personnalités pathologiques afin de ne pas risquer leur « décervelage » et de tomber dans le piège manipulatoire de leur propagande idéologique.

Il faut aussi savoir que plus la personne est déjà dans un état hypnoïde, ce qui est le cas des personnes traumatisées (on parle d'état second, de dissociation psychique chez les personnes traumatisées) ou angoissées, plus les suggestions s'implanteront avec facilité dans leur psychisme.

À partir de ce constat, nous pouvons comprendre l'aisance avec laquelle ces personnalités pathologiques contaminent tous les professionnels insuffisamment avisés qu'ils vont rencontrer. Ils vont agir en implantant leurs idéologies qui entrent en résonnance directe avec les fantasmes archaïques et les présupposés des sujets. Ainsi, très rapidement ils vont pouvoir pervertir les valeurs, les idéaux du groupe et les référentiels professionnels. Ces idéologies se propagent dans toutes les institutions contaminées et même infiltrent les lois pour entraver la protection des enfants et des adolescents. Ce fut le cas de la loi de mars 2002 sur l'autorité parentale qui, il faut le souligner a été une loi « SOS papa », entièrement écrite à l'unique demande des associations de pères, ce qui pose tout de même question dans une démocratie…

ANALYSE DES MÉTHODES HYPNOTIQUES AU TRAVERS D'UNE EXPERTISE D'EMPRISE PARENTALE

Pour expliquer les phénomènes hypnotiques qui ont lieu dans ces interactions, je prendrai un exemple d'emprise parentale dans un extrait d'expertise que j'ai eu l'occasion d'étudier.

Jacques qui a 10 ans explique à plusieurs reprises à l'expert qui le reçoit qu'il n'est pas prêt à parler à son père de son désir d'aller chez lui seulement un week-end sur deux. Il a peur de le lui dire, car il craint que son père qui lui veut une garde alternée ne se mette en colère s'il affirme un désir différent. Le père a d'après l'expert une personnalité paranoïaque.

L'expert relate ensuite la discussion à laquelle il assiste qui a lieu entre Jacques et son père et qui est fort instructive :

« Il s'agit là d'un des moments les plus importants de l'expertise. Je demande à Jacques s'il y a des choses qu'il souhaite dire à son père. Cet enfant hésite, puis il déclare : "j'aimerai aller chez toi un week-end sur deux, mais j'ai peur de faire de la peine à toi". Ceci est dit d'une voix peu assurée. Monsieur est surpris, puis se lance dans **un très long monologue** que je vais faire exprès de ne pas interrompre afin de constater quelle est sa teneur et combien de temps il peut durer.

"Votre mère a besoin de vous. Elle pense d'abord à vous. Mais tu dois dire vraiment de quoi tu as envie. Tu ne veux pas que ton père et ta mère aient de la peine. Mais il n'y a pas de catastrophe. On peut vivre ensemble. Je n'ai pas envie que l'on soit ensemble seulement pendant les vacances, je veux vous faire à manger entre midi et deux heures, aller vous chercher à l'école. Si j'habite près de vous, vous ne serez pas toujours à la cantine. Il y a quelques jours, Jacques m'a raconté qu'un homme qui les gardait à la cantine l'avait tapé avec une raquette et lui avait enfoncé un doigt dans les côtes. Mme D a répondu que ce n'était pas possible. Moi je serais allé voir de plus près ce qui en était. Je l'aurais fait, mais cet homme est parti. C'est comme en ce qui concerne A. Beaucoup de gens sont sensés vous protéger quand on veut vous faire du mal. C'est comme quand tu as été tapé à l'école à coup de lattes. Je veux que tu aies confiance en toi et que tu parles de ces choses-là le soir à la maison".

L'expert poursuit : « J'interroge à ce moment-là Jacques pour savoir s'il a quelque chose à dire, et il répond en regardant son père *"je veux vivre avec toi"*. M. M redémarre : *"Jean (le frère) et toi, vous dites tous les deux quelque chose de différent, alors on ne sait pas quoi faire. Ta mère commence à comprendre. Ta mère ne sera pas malheureuse une semaine sur deux si vous n'êtes pas là, etc."* Au cours de ce monologue intarissable que j'ai fini par interrompre, M. M n'est pas du tout à l'écoute de son enfant. Il amène Jacques à changer d'avis en déversant un ensemble d'arguments qui n'en sont pas, mais qui ne laissent aucune place à une parole de son fils. En apparence M. M pense qu'il y a un dialogue, mais ce n'est pas le cas. Jacques est comme pétrifié, il a les yeux plantés dans les yeux de son père, mais on est plus proche de l'emprise par le regard que d'un échange réciproque. »

L'expert décrit en réalité sans le savoir un état de transe hypnoïde qui est induit par le discours du père : celui-ci a habilement utilisé la confusion : « Votre mère a besoin de vous. Elle pense d'abord à vous ». Le « elle pense d'abord à vous » est utilisé comme un truisme, donc une vérité reconnue de tous pour mettre en transe hypnotique (les parents pensent d'abord aux enfants, c'est ce qui est souhaitable dans la parentalité), mais dans le même temps ce père émet un autre énoncé paradoxal dans la phrase précédente « votre mère a besoin de vous » induisant un discours contradictoire qui induit la confusion. Car non en vérité ce sont les enfants qui ont besoin de leur mère. Ceci pour suggérer que ce n'est pas l'enfant qui a besoin de sa mère (mais sa mère qui a besoin de lui), donc que finalement l'enfant n'a pas besoin de sa mère, mais aussi que c'est sa mère qui a un problème, car les parents n'ont pas à avoir besoin des enfants.

Il poursuit par « mais tu dois dire vraiment de quoi tu as envie » qui constitue un truisme. En effet, tout le monde doit dire ce dont il a envie. Mais il rajoute « Tu ne veux pas que ton père et ta mère aient de la peine » pour cette fois-ci suggérer de ne justement pas dire ce qu'il a envie afin ne pas faire de peine. Enfin, il rajoute « mais il n'y a pas de catastrophe. ». Toutes ces propositions entrant en contradiction, le discours est hypnotique par la confusion induite. L'inconscient entend plus particulièrement qu'il n'y a pas de catastrophe à ne pas dire ce que l'on a envie, mais aussi qu'il ne faut pas dire pour ne pas faire de la peine et encore qu'on est légitime à dire ce dont on a vraiment envie, bref un discours rempli de paradoxes confusionnant induisant un état de transe hypnotique et des suggestions bien glissées (ne pas faire de peine à ses parents, donc se sacrifier…)

La suggestion suivante énoncée « on peut vivre ensemble. Je n'ai pas envie que l'on soit ensemble seulement pendant les vacances, je veux vous faire à manger entre midi et deux heures, aller vous chercher à l'école. Si j'habite près de vous, vous ne serez pas toujours à la cantine. » Peut alors s'implanter avec une grande facilité dans l'inconscient. Ainsi des suggestions de bons moments en perspective avec une séduction manipulatoire sont utilisées pour renforcer l'adhésion. Enfin, après avoir suggéré que le monde extérieur était dangereux en reparlant des expériences de sensations désagréables à l'enfant, il les lui fait revivre de manière intense du fait de l'état hypnoïde dans lequel se situe déjà l'enfant. L'enfant est maintenant conduit dans un état de suggestibilité majeure, il peut maintenant le manipuler à loisir. Il finit par un « je veux que tu aies confiance en toi et que tu parles de ces choses-là le soir à la maison », proposition à double entrée paradoxale, confusionnante dans laquelle il induit le fait que son fils ait surtout confiance dans lui, son père, fasse ce qu'il veut lui, qu'il soit là tous les soirs à la maison pour « parler » et être sauvé du monde extérieur dangereux que son père lui fait croire.

L'expert interroge « à ce moment-là Jacques pour savoir s'il a quelque chose à dire, et il répond en regardant son père "je veux vivre avec toi. » Nous voyons donc que les suggestions faites dans cet état hypnoïde ont donc été tout à fait efficaces, Jacque adhère à la dernière proposition de son père de vivre avec lui. Le résultat en est même surprenant. Dans la seconde partie de ce monologue le père continue avec des suggestions d'allure rassurantes qui viennent renforcer les premières et prouver que la garde alternée est la meilleure des solutions avec des phrases toujours paradoxales qui renforcent la confusion, « ta mère ne sera pas malheureuse une semaine sur deux si vous n'êtes pas là ». Jacques est toujours en transe hypnoïde, absorbée dans une focalisation sur le regard hypnoïde de son père et continue d'intérioriser toutes les suggestions paternelles. L'expert remarque cet état hypnoïde et l'impact des suggestions paternelles : « Jacques est comme pétrifié, il a les yeux plantés dans les yeux de son père, mais on est plus proche de l'emprise par le regard que d'un échange réciproque. »

Une autre méthode de brouillage typique de l'idéologie est la façon dont le parent maltraitant se présente comme victime ce qui induit de la confusion, il est donc essentiel d'examiner les faits de manière objective au regard de ce qui est énoncé et de ne surtout pas prendre pour argent comptant la position victimaire revendiquée d'emblée ;

L'INFLUENCE HYPNOTIQUE DU BOURREAU

Le pouvoir de persuasion de ces personnalités est redoutable, ils manient avec brio la séduction en parlant avec le sourire aux professionnels, en se montrant « friendly » pour diminuer l'esprit critique du professionnel, ce qui correspond à un des procédés de l'hypnose conversationnelle comme nous l'avons vu. À l'opposé la mère est inquiète, donc elle est perturbante pour le professionnel et peut même entraîner par ses angoisses un contre-transfert très négatif.

Comme nous l'avons vu, ces personnalités sont redoutables par leur forte influence manipulatoire, mais il faut prendre aussi en compte que ces situations activent très facilement les défenses « naturelles » des professionnels et des institutions. Comme l'écrit HERMAN, « Se mettre du côté du bourreau peut-être très tentant. Tout ce que le bourreau demande c'est que le témoin ne fasse rien. De cette façon, il fait appel au désir universel de ne pas voir le mal, de ne pas en entendre parler, de ne pas en parler. La victime au contraire demande au témoin de partager sa souffrance » (HERMAN, 1992).

Doute, culpabilité, peur, déni (servant de protection contre les affects désagréables), contamination délirante ou par les théories anti victimaires, identification à l'agresseur, alliances et pactes de toutes sortes jusqu'aux alliances perverses forment une panoplie de défenses pathologiques qui font le jeu du despote et du système totalitaire qui l'accompagne et ainsi contribuent à faire taire l'enfant sur les violences sexuelles subies, à l'anéantir et à pathologiser les mères qui tentent de les protéger.

Comme nous l'avons montré dans notre livre collectif « Danger en protection de l'enfance, dénis et instrumentalisations perverses », ces situations sont loin d'être singulières. (ROMANO & IZARD, 2016)

CONCLUSION

Les évaluations en protection de l'enfance sont soumises à d'importantes difficultés méthodologiques qui conduisent parfois à privilégier des avis intuitifs par rapport à des analyses objectives. Or, l'intuition dans ce domaine est la pire des méthodes, principalement pour deux raisons :

- La première est que les personnalités pathologiques et manipulatrices nous influencent par l'induction de biais cognitifs et d'idéologies ce qui induit notre système réflexif en erreur et lui fait perdre tout esprit critique. Elles nous mettent sous hypnose pour mieux nous influencer.

- La seconde est que les contre-transferts vis-à-vis des parents protecteurs sont la plupart du temps très négatifs du fait de l'angoisse qu'ils diffusent. D'où l'importance d'avoir des lieux d'analyse de son contre-transfert inconscient qui permettent de s'en dégager.

Aussi, il est fondamental de pouvoir s'appuyer sur des outils et des mesures en évaluation qui permettent de conserver une objectivité. À ce titre, le guide du CREAI ou le guide d'évaluation à la parentalité du Québec (STEINHAUER, 2003) sont des outils intéressants.

Les garde-fous pour lutter contre le despotisme des agresseurs et les propagandes idéologiques qu'ils diffusent n'existent pas à l'heure actuelle. Aussi il n'est pas étonnant que les institutions qui y ont affaire se trouvent régulièrement, au gré de leurs fragilités internes, à fonctionner en miroir de ces tyrannies et influences idéologiques.

Nous devons savoir que si les professionnels succombent à ces emprises hypnotiques, les enfants n'y résisteront pas mieux et un maintien du contact avec de tels parents est fortement à risque de troubles psychiques ultérieurs et les plus graves pour notre société sont certainement les paranoïas et la perpétuation de la violence dans les générations ultérieures. Aussi, en ne protégeant pas ces enfants, nous construisons une société de demain violente et dangereuse et encore plus régie par le règne de la domination et de la terreur.

La prise en compte des influences majeures sur les professionnels de certains parents maltraitants et des idéologies qui sont véhiculées est donc fondamentale. Aussi une analyse systématique des contre-transferts alliée à la formation d'équipes pluridisciplinaires hyperspécialisées et entraînées permettrait une meilleure analyse et lutte contre les influences délétères de ces systèmes. Les décisions gagneraient aussi énormément à être pluridisciplinaires entre tous les acteurs médico, psycho, socio et judiciaires. C'est d'ailleurs tout l'objet d'un projet de « centre de référence en protection de l'enfant maltraité, évaluations et soins » que nous avons réalisé[18] et adressé au ministre de la Protection de l'enfance, mais sans retour à ce jour. Récemment le secrétaire d'État a finalement décidé de transformer les UAMJ (unités d'accueil médico judiciaire) en « unité d'accueil pédiatrique de l'enfance en danger, UAPED[19] » provoquant un changement radical de perspective et qui est totalement dans la lignée des propositions que nous avions faites pour ce centre. En effet il ne s'agirait plus de recueillir et d'expertiser les enfants pour le système pénal, qui n'a pas d'efficacité en matière de protection des mineurs puisque la grande majorité de ces affaires est classée sans suite, mais de mettre maintenant les moyens pour écouter tous les enfants en danger et peut-être enfin évaluer et protéger efficacement les enfants, nous l'espérons en tout cas. Sauf que contrairement à notre projet nous n'avons aucune garantie à l'heure actuelle que ces centres soient dirigés par des personnels qualifiés sur les maltraitances infantiles, le trauma et plus particulièrement les spécificités des violences sexuelles, pas plus que n'apparaît la garantie que ces personnels soient capables de résister aux influences idéologiques et manipulations et emprises des auteurs de violences.

Enfin, nous finirons en insistant sur la nécessité de protéger véritablement les professionnels qui œuvrent dans le champ de cette criminalité, car, les violences intrafamiliales sévères, les violences

---

[18] https://reppea.wordpress.com/projet-de-creation-dun-centre-de-reference/

[19] http://www.lavoixdelenfant.org/actualite/plan-de-lutte-contre-les-violences-faites-aux-enfants-une-reconnaissance-des-unites-daccueil-pediatriques-enfants-en-danger/

conjugales, les incestes sont de l'ordre de la criminalité et nous avons affaire à des personnes violentes, menaçantes, terrorisantes et non rarement dangereuses. Aussi, il est indispensable que ces situations puissent bénéficier de moyens aussi sophistiqués que pour les autres criminalités (terrorisme, drogue…) tant au niveau judiciaire que pour la protection des victimes et des professionnels qui s'en occupent qui ont besoin pour agir de se sentir en sécurité.

BIBLIOGRAPHIE

BERGER, M., IZARD, E., ROMANO, H. 2017, *Livre blanc sur la protection des enfants maltraités, propositions contre les dysfonctionnements.* (REPPEA, Éd.) Indépendante.

BRETON, P. 2006, *L'argumentation dans la communication,* Paris, La découverte.

HERMAN, J., 1992, *Trauma and Recovery, The Aftermath of Violence--From Domestic Abuse to Political Terror,* New York : Basic Books.

IZARD, E., 2017, L'enfant victime de l'interdit d'être : interactions parentales desubjectivantes et justice, in H. ROMANO, *Accompagner l'enfant victime en justice,* Paris, Dunod.

JEAN Patric, 2020 , *la loi des pères, une enquête-choc sur l'aveuglement de la justice et de la société face à l'inceste et à la pédophilie,* Monaco, Du Rocher.

KAES, R., 2013, *Un singulier pluriel, la psychanalyse à l'épreuve du groupe,* Paris, Dunod.

KAES, R. 2016, *L'idéologie, l'idéal, l'idée, l'idole,* Paris, Dunod.

MANSUY, G., 2010, Sur la conception bionienne de la groupalité. Revue de psychothérapie psychanalytique de groupe, 54(1), pp. 201-215. Récupéré sur https://www.cairn.info/revue-de-psychotherapie-psychanalytique-de-groupe-2010-1-page-201.htm

MEIER, J. 2013, September, Parental Alienation Syndrome and Parental Alienation - À Research Review. Récupéré sur https://vawnet.org/sites/default/files/materials/files/2016-09/AR_PASUpdate.pdf

MEIER, J. & DICKSON, S. 2017, Mapping Gender : Shedding Empirical Light on Family Courts' Treatment of Cases Involving Abuse and Alienation, *Law & Ineq., 35*, p. 311.

ROMANO, H. & IZARD, E. (dir). 2016, *Danger en protection de l'enfance, dénis et instrumentalisations perverses*, Paris, Dunod.

ROMITO, P. & CRISMA, M.. 2009, *Les violences masculines occultées : le syndrome d'aliénation parentale*. Paris, Editions Empan, 73(1), pp. 31-39. Récupéré sur https://www.cairn.info/revue-empan-2009-1-page-31.html

SIELBERG, J., DALLAM, S., & SAMSON, E. 2013, *Crisis in Family Court: Lessons From Turned Around Cases. Final Report submitted to the Office of Violence Against Women, Department of Justice*. Récupéré sur http://www.protectiveparents.com/crisis-fam-court-lessons-turned-around-cases.pdf ou en français sur https://reppea.files.wordpress.com/2017/08/sapetudedesilbergtraduite3.pdf

STEINHAUER, P.D. 2003, *Centre jeunesse de Montréal Institut universitaire Guide d'évaluation des capacités parentales adaptation du guide de Steinhauer. De 0 à 5 ans*. Montréal, Québec. Récupéré sur https://educationspecialisee.ca/wp-content/uploads/2018/02/Guide-dévaluation-des-capacités-parentales_25-09-2014.pdf

THOENNES, N., TJADEN, P. 1990, The extent, nature and validity of sexual abuse allegations in custody/visitation disputes, *Child Abuse Negl*, 14, p. 151-63.

COMMENT ADAPTER LA PRISE EN CHARGE SOIGNANTE POUR LES ENFANTS TRAUMATISÉS

Cécile METTE

Au regard de ma pratique en ITEP depuis 20 ans et d'une expérience plus récente en équipe mobile, je souhaiterais partager avec vous un constat. Pour cela, regardons plus finement les parcours des enfants et adolescents que nous accueillons en établissements médico-sociaux et plus particulièrement en ITEP. Les jeunes orientés sont ceux qui manifestent leurs troubles de façon plus bruyante et qui sont à l'adolescence à risque accru de rupture voire d'errance.

POURQUOI SE PRÉOCCUPER DE LA NOTION DE TRAUMA ?

Cette analyse est directement inspirée d'un document québécois de 2016 sur une « pratique intégrant la notion de Trauma » (COTTE, 2016).

La notion de trauma développemental ou trauma complexe est commune à tous nos adolescent(e)s en rupture. Ce constat critique est trop peu partagé et nous gagnerions à le placer au centre de nos actions et réflexions, car il induit des particularités dans sa prise en charge.

La recherche démontre que le trauma qui se produit tôt dans la vie et qui se prolonge a un impact sur la santé psychologique et provoque un ensemble de séquelles développementales plus étendu que la symptomatologie décrite par l'état de stress post-traumatique (ESPT). Cette dernière notion largement relayée par la communauté scientifique, n'inclut en effet, pas les négligences ou carences au long cours.

Bien qu'il y ait consensus sur le caractère traumatique de la maltraitance, ces adolescents sont souvent étiquetés d'une multitude d'autres diagnostics de santé mentale, incluant le trouble oppositionnel avec provocation, le trouble du déficit de l'attention avec ou sans hyperactivité, le trouble réactionnel de l'attachement, la dépression et le trouble des conduites. Les symptômes traumatiques tels qu'habituellement définis par le DSM apparaissent alors soit inappropriés, soit camouflés par l'intensité et la diversité des autres difficultés. Cette lecture peut permettre de comprendre que ces jeunes, malgré l'intensité de leurs troubles, ne relèvent pas forcément d'une prise en charge par le secteur sanitaire type-hôpital de jour ; les symptômes à « allure psychiatrique » ne signant pas forcément une entrée dans la maladie, mais peuvent être directement en lien avec des maltraitances non traitées ou insuffisamment considérées. Les manifestations souffrantes post-traumatiques sont souvent mal identifiées en tant que telles. En effet, même lorsque des traumatismes notamment sexuels sont connus, il n'est pas rare que les professionnels ne fassent pas le lien entre les manifestations du jeune et lesdits traumatismes.

Le trauma complexe décrit la réalité d'enfants et adolescents exposés à des traumas interpersonnels et chroniques présentant ou non des symptômes de l'ESPT. Cela évite de compartimenter les différents symptômes qui peuvent s'expliquer par la maltraitance, par les négligences et les troubles de l'attachement parental (que les Canadiens nomment « Adverse Childhood Experiences » (COLLIN-VEZINA, 2018) ayant un impact sur l'estime de soi, les difficultés de comportement et de régulation des affects. Il implique bien entendu l'exposition à des évènements traumatisants (notamment l'exposition aux violences conjugales), mais aussi à un échec dans la fonction de protection du parent. Plusieurs des symptômes développés par l'enfant peuvent être interprétés comme des défenses ayant une fonction adaptative à l'expérience traumatique en lui permettant par exemple de faire face à la détresse ou de se rassurer, mais ils peuvent devenir problématiques dans l'adaptation sociale, l'investissement scolaire, la régulation des affects et le développement cognitif.

La notion de trauma complexe permet avant tout de reconnaître que, derrière des comportements qui paraissent problématiques et dysfonctionnels, il peut surtout y avoir de la peur ou un comportement adaptatif lié à un stress vécu de manière intense et répétée. L'exposition chronique au danger peut produire un système d'alarme sur-actif (COLLIN-VEZINA, 2018). C'est un comportement adaptatif à la situation dangereuse, mais il continue à se produire après que le danger soit passé. L'enfant continue à réagir à des déclencheurs ce qui conduit à un grand nombre de « fausses alarmes ». La plupart des comportements difficiles sont des façades qui dissimulent des réactions à ces dangers perçus ; la capacité des adultes responsables à décoder exactement les signaux et à réagir de façon appropriée est un défi. Ainsi à l'ITEP, un pré-adolescent accueilli en ½ internat en scolarité partagée est passé en conseil de discipline suite à un coup de poing porté à son voisin de table, apparemment sans raison, ni signe annonciateur. En décortiquant avec lui, dans l'après-coup la situation, il comprendra que son acte fait suite à un claquement de porte d'une classe voisine. Cette porte claquée par un courant d'air a déclenché une réponse-réflexe car a fait écho, de façon tout à fait inconsciente, à l'ambiance sonore des violences conjugales dont il a été le témoin. C'est bien entendu la double peine pour ce jeune qui se voit exclu, jugé par ses professeurs et ses pairs, redoublant ainsi sa culpabilité, sa mésestime de lui et son sentiment d'étrangeté face à ses propres comportements.

Les effets cumulatifs de la négligence chronique eux-aussi sont sous-estimés. Il peut être parfois plus facile d'associer le terme trauma à celui de violence qu'à celui de négligence, qui ne crée pas le même sentiment d'urgence. Il y a encore peu d'études sur la relation entre la négligence et les symptômes traumatiques. Il est reconnu que la négligence peut avoir des effets sérieux sur l'enfant. Même si les situations de négligence ne constituent pas une menace à l'intégrité physique comme la maltraitance physique ou sexuelle, elles sont également source de traumatismes. De plus, diverses études ont observé que les enfants en situation de négligence sont fréquemment exposés à d'autres formes de victimisation.

Il est assez facile de faire consensus sur certains types d'évènements qui sont susceptibles de causer un traumatisme tels qu'un attentat, un accident d'avion… Il est aussi maintenant reconnu que la maltraitance vécue dans l'enfance est une expérience traumatisante qui peut se répercuter sur toutes les sphères de développement d'un enfant, notamment si elle est exercée par les personnes dont il est dépendant, en charge des soins, de son éducation.

Il est indispensable que les professionnels ayant en charge ces jeunes aient en tête ces notions, sachent les repérer dès l'accueil et que le **projet de soin tienne compte des besoins spécifiques liés à la notion de trauma complexe**. Cette notion doit s'intégrer aux autres savoirs que nous avons déjà, en les enrichissant. Il faut garder en tête que ce ne sont pas uniquement les maltraitances ou négligences qui font le trauma. En effet, la façon dont l'environnement de l'enfant réagit sera déterminant (protection, évaluation de la qualité des liens d'attachement), car par une évaluation inadéquate des besoins spécifiques, l'institution soignante peut entretenir voire majorer le traumatisme.

Un enfant qui développe un attachement insécure voir désorganisé va interpeller l'institution, qu'elle soit scolaire ou soignante, de façon particulière ; la sévérité de sa désorganisation va conditionner la façon dont il va être en lien avec les professionnels qui l'entourent, les pairs qu'il va rencontrer. Nous constatons ainsi que plus les jeunes sont abîmés, désorganisés, plus ils manifestent de passages à l'acte graves, bruyants où par la répétition ils vont traiter, de manière inconsciente, leurs traumatismes. Plus le trouble de l'attachement sera massif, plus le lien avec les professionnels sera attaqué et suscitera des contre-attitudes bien connues comme le sentiment d'impuissance, le clivage, la démobilisation, le rejet et autres réactions contre-transférentielles négatives amenant le professionnel à être en miroir des difficultés du jeune.

Accueillir un enfant, un adolescent ayant subi des traumatismes multiples, des violences, des carences, des négligences, des attachements problématiques à un environnement peu fiable, induit une clinique particulière tant dans l'accueil du jeune proprement dit que dans la façon dont l'institution va se disposer et offrir à ses professionnels une contenance.

CLINIQUE INSTITUTIONNELLE INTÉGRANT LA NOTION DE TRAUMA

Pour ceux qui sont au plus près de l'accompagnement des familles, il est primordial d'aller à la rencontre avec un cadre interne préalable afin de repérer les traumatismes transgénérationnels, BLEGER (in KAES et al, 1979) parle des parties « Non-Moi » c'est-à-dire non intégrées à l'individu. Ce qui ne peut être transmis, car non su par la famille donc non élaboré, est transmis dans le lien, déposé dans le lien familial, dans le lien de couple. Dans le traumatisme complexe, quand on n'identifie pas d'évènement, on en repère à minima les effets sur la pensée, dans le discours. Si les traumatismes ne se transmettent pas de génération en génération, les effets eux, se transmettent en se déposant dans le lien à l'état brut. Cet héritage du négatif abrase la capacité de rêverie, la fantasmatisation en se fixant sur le concret ; la pensée est dite opératoire. Le traumatisme peut rendre confus les limites interpersonnelles et le temps ; on observe souvent un télescopage des générations avec une parentification des adolescents, la famille reste collée dans la position narcissique paradoxale décrite par CAILLOT et DECHERF (CAILLOT, 1989) dans la célèbre phrase : « Rester ensemble nous tue, nous séparer est mortel ». D'ailleurs dans les entretiens familiaux, on repère des éléments traumatiques appelés « objets bruts » (GRANJON, 1998) à la façon dont ils s'expriment telles des mines explosives sans qu'il soit possible de les interroger. Ils sont les traces du traumatisme, agissant à bas bruit, laminant la pensée et la contenance psychique nécessaire à l'accueil d'un enfant au sein d'une famille. On pense à tous ces parents maltraités dans leur enfance dont la relation à leur enfant est en permanence infiltrée, à leur insu, des traces de leurs propres traumatismes. Le traumatisme ne suscite pas que du vide, mais aussi de l'excitation, ainsi nous voyons beaucoup de ces jeunes peu contenus dans leurs expressions tant corporelles que psychiques. On devine des contenants de pensée peu opérants et un système défensif mal construit.

Ainsi, nous avons écouté (en binôme avec ma collègue assistante sociale) mensuellement durant 3 ans, la mère d'un adolescent et la particularité était son extrême vulgarité à certains moments des entretiens qui avaient pour effet sur les 1ers mois de nous sidérer. Cela n'était pas interrogeable et ces propos étaient d'autant plus déstabilisants qu'ils formaient des phrases à la façon de néologismes ; cette personne sans troubles cognitifs créait des phrases très crues à partir d'expressions connues. Lorsque nous avons pu penser à distance des entretiens, nous avons perçu que ces moments effractants avaient bien une fonction, au-delà de leur aspect « décharge », évident. Une personne qui a été effractée transfère en effractant l'autre et il nous a fallu accepter d'être ce réceptacle, écrire, lire, échanger sur nos contre-transferts. La maternité comme réparation narcissique ne tenait pas ses promesses et le traumatisme projeté sur ses enfants, lui revenait en boomerang et la persécutait gravement. Ces objets bruts (tels que les nomme Evelyn GRANJON) ont disparu pour laisser place à la verbalisation d'agressions sexuelles incestueuses dans son enfance par un frère aîné. Ainsi l'irreprésentable venait se loger dans ces expressions, l'amnésie traumatique des agressions du frère avait infiltré les relations à ses fils avec des moments défensifs d'une extrême violence. Sans cette référence théorique à la colonisation psychique par le traumatisme, nous aurions pu penser cette dame dans un trouble grave de la personnalité.

L'expression des traumatismes par les adolescents en institution peut prendre différentes formes : violences envers autrui ou soi, passages à l'acte sexuel, objet sexuel pour ceux qui ont subi des agressions, répétitions traumatiques, fugue, évitement relationnel, actes délinquants (vol en particulier) et opposition, réactivité accrue à l'abandon, au lâchage, vécu de l'autorité comme abusive (en rapport avec un vécu d'autoritarisme familial), etc…. Il est primordial de comprendre que ces comportements sont en rapport avec des vécus antérieurs afin de leur redonner un sens. Il est important de développer chez les professionnels une observation fine des symptômes présentés par le jeune qui sont souvent la résultante d'efforts pour s'adapter et survivre en situation stressante. Ces stratégies défensives d'adaptation appelées aussi « coping » seront ensuite utilisées dans différents contextes où l'enfant n'arrivera pas à s'ajuster et pourront lui desservir.

Accompagner, contenir, prendre soin des parents, c'est prendre soin de l'enfant, de l'adolescent. En institution, si la famille peut s'adosser à un accompagnement thérapeutique capable de contenir, sans jugement, les mouvements archaïques qui la traversent, elle pourra davantage intégrer des changements dans son appareil psychique groupal familial (KAËS, 1976). Être dans l'accompagnement de jeunes traumatisés implique de pouvoir s'adosser à une équipe, à une fonction alpha dans la transformation du contre-transfert, des projections de tous ces éléments Béta, comme un bain de détoxicité. Il est nécessaire d'élaborer ce que l'on héberge d'archaïques au contact de l'expression du traumatisme, élaborer les sentiments négatifs sous peine de les agir par des passages à l'acte, par l'activation de nos propres défenses archaïques (déni, clivage), par des réorientations non réfléchies, des banalisations de violences des enfants ou adolescents, etc…

Au sein d'une équipe, il n'est bien sûr pas nécessaire que chacun ait le même niveau d'information sur les traumatismes subis, dans le respect évident de l'intimité du jeune, mais tous les professionnels ayant en charge le jeune, doivent être informés des précautions à prendre et des situations défavorables à chaque enfant. Toujours dans l'idée que c'est le dispositif qui est soignant et que l'institution doit se disposer pour offrir au jeune, un environnement favorable ou au moins qui ne lui fera pas revivre des réminiscences traumatiques. Ainsi, si tel jeune perçoit que tel contact physique, telle situation provoque un stress intense, alors nous devrons en tenir compte pour absolument les éviter. Ces informations sont à transmettre au-delà de l'institution, à savoir au milieu scolaire, au lieu d'accueil ou aux parents si l'enfant est maintenu dans son milieu familial.

Dans la clinique auprès de l'enfant, de l'adolescent, le premier traitement à offrir à celui qui manifeste des séquelles post-traumatiques est de lui permettre de développer un sentiment de sécurité. Pour cela il doit pouvoir bénéficier de la protection nécessaire, de liens d'attachement stables, car il est vain de soigner des enfants qui ne sont pas protégés dans leur famille. Il est primordial de mettre fin à la négligence et à la maltraitance et que l'enfant reçoive une réponse à l'ensemble de ses besoins.

Le jeune a besoin d'un environnement physique, affectif et sensoriel qui lui permette de ne pas se dysréguler davantage. Cela passe par des liens relationnels stables afin qu'il puisse reprendre un développement optimal.

Dans le quotidien, les préconisations de ceux qui ont théorisé la prise en charge des enfants et adolescents traumatisés recommandent :

L'utilisation de l'éducation positive et bienveillante comme principal levier, éviter de punir les jeunes en réduisant l'accès aux activités ou relations saines, minimiser les luttes de pouvoir.

Aider l'enfant à réapprendre à évaluer le danger. Le cerveau soumis au trauma chronique s'est habitué à sauter l'étape d'évaluation du danger (car il y en avait toujours) et à activer directement l'action. Le cerveau doit réapprendre à évaluer le danger pour désamorcer le système d'alarme et s'engager dans un processus cognitif de résolution de problème. Les enfants traumatisés intériorisent des expériences négatives et se considèrent indignes d'être aimés, impuissants ou endommagés. Ils peuvent avoir recours à des méthodes d'adaptation dissociatives (fragmentation et déconnexion de leurs expériences, sens multiples de soi...) Ils témoignent aussi de difficulté à intégrer un sens cohérent de soi à travers les expériences et les états affectifs. Ils ont souvent recours au mensonge, à la fabulation pour maintenir un sens de soi plus positif. Ils limitent souvent l'exploration afin de se sentir en sécurité comptant plutôt sur le contrôle rigide et la répétition.

Un accompagnement intégrant la notion de trauma est essentiel, il peut passer par :

- **Reconnaissance du caractère traumatique des évènements connus**

Explicitation des effets du traumatisme sur la relation à l'autre adulte et pairs, sur de possibles conduites à risque visant à déconnecter la mémoire traumatique. Ne pas hésiter à s'appuyer des schémas simples du fonctionnement cérébral.

Explicitation des effets du traumatisme sur la relation au savoir, aux apprentissages ; fréquemment ces jeunes sont blessés par un échec scolaire massif, car apprendre c'est aussi accepter ce qui vient de l'autre, qui passe dans la pédagogie classique par cette dissymétrie relationnelle du maître et de l'élève. C'est pour cela qu'apprendre pour ces jeunes par l'observation par l'imitation est plus accessible. Ainsi à l'atelier bois de l'ITEP, l'éducateur technique a pu transmettre des savoir-faire, à des jeunes qui refusaient de se « laisser enseigner », en faisant lui-même l'activité avant que le jeune s'y risque.

- **Travail de « détective des émotions »**

Au Québec, des programmes de prises en charge du traumatisme ont amené à élaborer des protocoles précis avec un travail s'apparentant à de la psychoéducation valorisant les ressources des jeunes et leur capacité à mieux se connaître pour moins s'exposer en mettant à jour la compulsion de répétition. Proposer une mise en sens des symptômes. Le travail de détective consiste à repérer avec l'enfant ou l'adolescent les émotions négatives et les circonstances dans lesquelles elles se produisent. Je constate qu'ils sont toujours très intéressés par l'idée de mieux se connaître, d'humaniser des comportements qui leur échappe et les font souffrir, les isolent. Ils sont souvent très rassurés par la connaissance de ce qu'est l'amnésie traumatique, les reviviscences et autres dissociations traumatiques.

Ainsi, cette adolescente de 16 ans qui s'évertuait à convaincre les professionnels qu'elle était « folle » contre l'avis des psychiatres, a pu se regarder autrement lorsqu'elle a compris que ce qu'elle

nommait hallucinations, étaient des reviviscences traumatiques et que les pulsions sexuelles agressives ressenties envers une de ses sœurs étaient une projection de son traumatisme dans une identification morbide à son agresseur (cette sœur avait le même âge qu'elle au moment des faits). Mieux se connaître et détricoter ces effets lui ont permis d'accepter qu'elle n'était pas mauvaise, pas condamnée à devenir abuseur comme elle le verbalisait.

Mieux se connaître permet au jeune de développer des habiletés d'autorégulation, les méthodes telles que l'hypnose ou l'EMDR en complément d'une psychothérapie sont d'excellents moyens visant à ce que la personne retrouve un peu de contrôle sur sa pensée et son corps, à éloigner le passé traumatique et faire qu'il interfère moins dans le présent. Afin de valoriser les ressources du jeune, il est primordial de le soutenir dans l'expérimentation d'activités où il pourra construire de nouvelles compétences, découvrir graduellement ce qu'il apprécie, l'aider à remobiliser toutes les ressources qu'il a et qu'il ignore souvent et en particulier celles qui lui permettront de retrouver une créativité, car un des effets du trauma est d'altérer la créativité et le symbolique alors qu'elles sont essentielles pour dépasser les difficultés de la vie. L'exposer à des situations d'apprentissage variées sur le plan de la motricité globale, l'expression artistique, cognitive, musicale en respectant les domaines où il présente des phobies post-traumatiques (souvent le scolaire) : soutenir, mais pas forcer. Encourager les intérêts positifs, prêter attention à ce qu'il aime (ce sont ses ressources) en explorant les façons de faire qui le conduisent à une réussite dans l'idée qu'il s'approprie un pouvoir sur sa vie. En effet il y a toujours des situations d'exception devant les difficultés et il est important de les valoriser et de permettre au jeune de se centrer sur ses zones de réussite plutôt que sur ses échecs qui le maintiennent dans la spirale négative altérant ses capacités et son estime de lui.

L'INSTITUTION INTÉGRANT LA NOTION DE TRAUMA DANS L'ACCOMPAGNEMENT DES FAMILLES

Nous avons en tête que le traumatisme conditionne le lien de couple, la filiation. Kaës a largement théorisé sur le fait que nous nous affilions sur les failles de notre propre filiation, c'est-à-dire sur nos manques. C'est ce qui fait « colle » dans un couple, c'est ainsi que le pacte dénégatif est censé protéger ses protagonistes, jusqu'à l'arrivée des enfants qui sont eux-mêmes invités à partager ce pacte pour tenir à distance les traumatismes anciens, qu'ils demeurent encryptés. Mais c'est sans compter sur le passage adolescent qui, s'il a tenu jusque-là, fera voler en éclats ledit pacte. Si les parents peuvent se réaménager, supporter ce détachement, le deuil de liens antérieurs, l'adolescent poursuivra sa route pour s'individuer ou alors son corps pourra devenir la scène de représentations des traumatismes familiaux, tout mouvement d'individuation sera perçu comme une attaque au lien groupal familial et seront combattus au péril de l'intégrité psychique de ses membres. Les psychoses symbiotiques en sont une parfaite illustration.

La formation des professionnels est la condition sinéquanone à la prise en charge efficiente, la formation doit être interprofessionnelle afin que la notion de trauma soit au centre de la prise en charge. L'idée étant que chacun de sa place puisse intégrer à sa pratique professionnelle des notions précises sur le trauma, les incidences à court, moyen et long terme sur le développement global de l'enfant et les conséquences sur l'adaptation de l'enfant, de l'adolescent au sens large.

La supervision individuelle ou collective est indispensable pour traiter la partie dure, indigeste de ce que nous hébergeons, il ne faut pas négliger le traumatisme vicariant qui impacte notre capacité à penser et parfois jusqu'à nos espaces personnels.

Les traumatismes sont un véritable problème sanitaire de santé publique et ces notions ont pour ma part radicalement changé ma pratique tant dans la clinique du sujet que dans la clinique institutionnelle. Elle est très inspirante et constitue un véritable point d'appui pour les équipes.

BIBLIOGRAPHIE

BLEGER J., Psychanalyse du cadre psychanalytique in KAËS R et al., Crise, rupture et dépassement (1979), Paris, Dunod

COLLIN-VEZINA, D. 2018, Le modèle ARC pour intervenir sur les traumas complexes, École d'été 2018, Fondation Dr Julien http://ecoledete.fondationdrjulien.org/wp-content/uploads/2018/02/CollinVezina_PS2018_presentation.pdf

COTTE C., Le BLANC, A. 2016, Pratique intégrant la notion de trauma », Centre intégré universitaire de santé et de services sociaux du centre-sud-de-l'île-de-Montréal.

http://numerique.banq.qc.ca/patrimoine/details/52327/2940478

CAILLOT, J.P, DECHERF, G., (1989), Psychanalyse du couple et de la famille, Paris, A.PSY.G

JAITIN R., BLANCHARD, A.-M, CUYNET P., GRANJON, E. 1998, in Revue Divan Familial, n° 1 Thérapie familiale psychanalytique : nouvelles indications, variantes techniques.

KAES R., (1976), Paris, Appareil psychique groupal, construction du groupe, Paris, Dunod

À L'ÉCOLE DU TRAUMA : L'ÉCOLE ENTRE ESPACE DE RÉSILIENCE ET SOURCES DE SURVICTIMISATION

Hélène ROMANO

Précision : Nous utiliserons ici le terme « école » dans son sens générique d'établissement scolaire qu'il s'agisse de la maternelle, du primaire ou du secondaire. Le terme « enfant » est également utilisé de façon générique et regroupe les tous petits, les enfants et les adolescents.

L'école est un lieu de vie, un espace où les enfants et les adolescents passent au final une part importante de leur temps. C'est un espace d'apprentissage que ce soit au niveau des connaissances intellectuelles que relationnelles par la vie en communauté que l'espace scolaire impose. Si depuis quelques années le ministère met en avant la notion « d'école inclusive » pour expliquer que c'est à l'école de s'adapter aux élèves et non l'inverse (ce qui était le cas avec la notion « d'intégration »), en pratique cela est bien plus compliqué. Au sein d'une classe, un enseignant a un groupe composé en moyenne d'une trentaine d'élèves aux histoires personnelles différentes, aux difficultés, aux capacités et aux ressources tout aussi différentes. Pour s'adapter aux besoins de chacun de ses élèves, l'enseignant doit donc prendre en compte cette dimension intrapsychique, mais également la dimension intersubjective liée aux interactions entre élèves et la dynamique même du groupe. Enfin il a à gérer sa propre dynamique personnelle et tout ce que ces élèves peuvent, à leur insu, réactiver dans son histoire personnelle ou professionnelle. Prendre soin des élèves et s'adapter à leurs besoins apparaît donc un challenge d'une complexité infinie pour les professionnels qui se retrouvent également à prendre soin des attentes des familles. C'est pourtant fondamental pour prévenir ce que nous avons désigné comme les risques psycho-socio-scolaire (Romano, 2016) et faire de l'école un espace de vie et de résilience.

LES RISQUES DE SURVICTIMISATION

S'adapter aux besoins d'un enfant est déjà difficile, alors en faire de même pour des centaines voire des milliers d'élèves selon les établissements scolaires s'avère juste impossible. À l'école, l'enfant est soumis à des règles, un cadre, un règlement, un programme qui lui sont imposés et auxquels il doit se soumettre. Sans règles l'anarchie est inévitable et qu'il existe un cadre n'est pas en soit la difficulté. Le souci est que l'existence du même cadre pour tous impose que chaque élève doive s'y soumettre, quel que soit son niveau de maturité affective ou ses capacités cognitives.

> Prenons quelques exemples, en maternelle, certaines maîtresses acceptent que les petits puissent venir avec leurs doudous d'autres non. Au-delà de cette dissonance institutionnelle, cette décision est la même pour tous les élèves qu'ils soient suffisamment matures affectivement pour ne pas avoir besoin de ce support transitionnel ou qu'ils soient encore insécurisés dans un environnement non familier et qu'ils aient besoin de cet objet.
>
> Autre exemple les programmes imposent à tous les enfants, au même âge d'être en capacité d'apprendre les mêmes choses. Or nous savons aujourd'hui combien la maturité neurocognitive de l'enfant est complexe (Houdé, 2019) et que chaque élève a sa propre façon d'apprendre ; sauf que le système scolaire n'en prévoit qu'une et si elle ne correspond pas à celle du jeune, celui-ci se retrouve très vite en difficultés voir en échec scolaire.

Nous constatons par ces deux exemples que pour une enfant ou un adolescent sans vécu traumatique spécifique, le système même du milieu scolaire peut être source de souffrance.

La vie en collectivité, la confrontation à des valeurs et des règles différentes de celles transmises par les parents, les heures passées avec d'autres jeunes qui ne sont pas toujours au meilleur de leur forme, sont des faits qui peuvent aussi conduire à des vécus très douloureux et des situations telles que le harcèlement scolaire (ROMANO, 2019) ou des pratiques dangereuses (ROMANO, 2012).

Et pour les enfants ou les adolescents qui ont vécu des événements traumatiques, la scolarisation peut être une source de survictimisation. Nous entendons ici le terme de survictimisation comme **un processus conduisant à une majoration de la souffrance psychique et des troubles post-traumatiques.** Pour exemple les témoignages innombrables d'enfants orphelins mis à mal par des camarades ou des enseignants souvent bien intentionnés, mais d'une maladresse redoutable comme l'a attesté l'étude menée par l'OCIRP en lien avec l'IFOP en 2018.

« J'avais dix ans quand mon père est mort. Toute l'école le savait. L'année suivante au moment de remplir la fiche d'information j'ai indiqué le métier de mon père et j'ai mis entre parenthèses qu'il était décédé. L'enseignant a pris ma feuille et devant toute la classe m'a interpellée en me disant « mais à quoi ça sert que tu écrives sur ton père, il est mort ! ».

Autre exemple ce petit garçon de quatre ans, puni par sa maîtresse, le front le long du mur et les mains sur la tête pendant toutes les récréations, car il a parlé les semaines précédentes à ses petits camarades de la mort de son père qui avait tué sa mère (dans un contexte de bouffée délirante aiguë), ce qui était pour cette enseignante insupportable.

Pour Anaëlle, 4 ans quand sa mère décède, « c'est à l'école que j'ai compris ce que ça voulait dire que de ne plus avoir de maman avec cette maîtresse qui n'arrêtait pas de dire à la fin de la journée « on range, c'est l'heure des mamans ». Et le jour de la fête des mères, elle m'avait mise à part en me disant de « faire autre chose, car de toute façon je n'avais plus ma mère ». C'était hyperviolent. J'étais toute petite, mais ça m'a marqué pour toute la vie. En devenant moi-même maman j'ai réalisé que cette enseignante aurait pu formuler bien autrement les choses et être attentive juste avec un changement de vocabulaire par exemple dire « c'est l'heure de rentrer à la maison » ou pour la fête des mères, me dire « je sais que ta maman est morte, mais tu peux lui faire si tu veux le cadeau qu'on a prévu comme ça tu pourras penser à elle, ou tu peux faire le cadeau et l'offrir à quelqu'un que tu aimes très fort ». Je ne sais pas moi, ça me paraît tellement évident : juste faire attention à l'enfant et ne pas le stigmatiser et le considérer différemment des autres… »

Pour Carine, élève de quatrième la violence de la réaction de son enseignant en début d'année va entraîner un effondrement psychologique : « en début d'année il y a toujours tous les profs qui veulent tout savoir et qui nous donnent une feuille à remplir pour connaître notre vie. Genre ils font comme des policiers, mais nous, on n'ose pas ne pas répondre, car ce sont nos enseignants. Alors dans la case « frère et sœur » j'ai indiqué le prénom de ma sœur, son âge et j'ai mis après décédée l'année dernière. Mon professeur savait très bien que ma grande sœur était morte, car elle était décédée en plein cours d'un accident vasculaire cérébral. Et là, il prend ma feuille et devant toute la classe il me dit que cela ne sert à rien que j'indique ma sœur, car elle est morte et que je suis fille unique. Pour moi ça a été une horreur, comme si ma sœur était tuée une seconde fois. Je n'en comprends toujours pas qu'il ait pu me dire une chose pareille. Je ne pense pas qu'il l'ait fait méchamment, mais il ne s'est pas rendu compte combien c'était violent. Mes parents l'ont rencontré pour lui dire qu'il m'avait traumatisé, il ne s'est même pas excusé et a dit qu'il le referait si nécessaire, car c'était juste la réalité. Du coup mes parents m'ont changé de collège, car aucun responsable (chef d'établissement, inspecteur, médecin scolaire) ne comprenait que cette remarque était hyperviolente. Ma sœur est morte je le sais bien, mais ça reste pour toujours ma sœur et je ne serai jamais fille unique, ce serait une façon de la tuer encore. Le collège aurait pu être un lieu de vie, pour moi ça a été un mouroir ».

Autre situation celle d'enfants qui témoignent, à leur insu, des dysfonctionnements dans leur établissement scolaire comme ces élèves harcelés ou victimes d'agressions sexuelles dans leur école, collège ou lycée, qui se retrouvent contraints de quitter leur établissement scolaire en raison des pressions exercées par les adultes de l'établissement.

Nous donnerons deux exemples caractéristiques des multiples autres situations rencontrées.

En maternelle une petite fille de grande section a été violée pendant la récréation par des élèves de CE1 qui lui ont introduit dans le vagin et dans l'anus des objets de toutes sortes. Le viol ne fait aucun doute, il a été constaté par des médecins légistes sur réquisition du procureur et les deux jeunes mis en cause ont reconnu les faits. Cette petite fille est hautement traumatisée et l'on pourrait penser que l'établissement a pris des mesures pour exclure les deux auteurs et pour protéger la victime. Rien de cela. La procédure étant en cours, l'établissement considère qu'il « n'a pas à faire justice [lui-même] et que si les parents de la « gamine » ne sont pas d'accord ils n'ont qu'à la changer d'établissement ». Simultanément, alors que les parents tentent d'obtenir des garanties de sécurité pour leur petite fille, différentes maîtresses qui connaissent les deux garçons vont la voir et lui dire qu'elle n'avait pas à les « provoquer » et qu'elle est « responsable de ce qui lui est arrivé ». Ces mots sont d'une violence indicible et témoignent sans doute de la projection faite par ces enseignants sur les deux jeunes élèves qu'ils connaissent et qui ne correspondent pas à leurs représentations d'auteurs d'agressions sexuelles. Comme nous le dit une de ces enseignantes, « ce ne sont pas des racailles.

Ce sont de très bons élèves, et ils ont des parents très bien. Ils ne vont quand même pas payer toute leur vie pour un petit accident »…..quand des enseignants considèrent que le viol d'une petite fille de quatre ans par deux enfants de six ans n'est qu'un « petit accident » et que chez « les gens bien » on ne viole pas, cela témoigne du travail de formation qui reste à effectuer pour que les enfants ne soient pas massacrés par une institution censée les défendre. Cette petite fille quittera l'école et la famille sera même obligée de déménager face aux lettres d'insultes reçues dans leur boîte aux lettres et aux menaces incessantes. Toutes leurs plaintes seront classées sans suite.

Dans un collègue de l'île de France six élèves de cinquième surprennent leur professeur principal pendant la pause ne train de visionner un film pédopornographique. Sidérés, ils ne disent rien, sortent de la salle de cours et tombent sur la conseillère principale d'éducation à qui ils expliquent la situation. Celle-ci retourne dans la classe et cette arrivée surprend cette fois-ci l'enseignant qui cesse son visionnage et ferme immédiatement son ordinateur en prenant soin d'enlever la clé USB. Le principal du collège est prévenu, il appelle le procureur qui lui dit de porter plainte et de prévenir les familles. L'enseignant est mis à pied par son institution. Jusque-là tout se passe selon les règles. Sauf que dans la semaine qui suit, le principal reçoit une pétition signée des 2/3 des enseignants demandant « un conseil de discipline pour renvoi immédiat des adolescents ayant dénoncé l'enseignant ». Certains expliquant même qu'un professeur « peut bien se détendre et faire ce qu'il veut en intercours ». Une cagnotte va être mise en place par certains de ses collègues, pour payer les frais d'avocat de cet enseignant, etc. Il faudra l'intervention de l'équipe du Rectorat auprès de l'équipe pédagogique pour rappeler la loi et préciser qu'en aucun cas ces collégiens n'ont à être renvoyés. Les six élèves, vont subir un harcèlement et des représailles sans nom de certains enseignants, conduisant cinq d'entre eux à quitter en urgence ce collège : notes qui s'effondrent, menaces entre deux portes pour leur dire qu'ils

> « vont payer », appréciations calamiteuses sur le bulletin. Seule une élève va terminer, non sans mal sa scolarité dans ce collège. Trois ans plus tard, sans aucune perquisition et alors qu'il y avait plusieurs témoignages attestant de la réalité des faits, cet enseignant va bénéficier d'un classement sans suite et fort de cette décision judiciaire, il va exiger de revenir dans cet établissement. Ce qu'il va obtenir après que les autorités scolaires aient fait le nécessaire pour que le principal change d'établissement, tout comme la CPE.

Dans de telles situations, qui ne sont malheureusement pas exceptionnelles, il apparaît clair que l'école comme lieu de protection des élèves est d'une défaillance totale. Pour ces enfants et ces adolescents, c'est véritablement une double peine. Non seulement ils ont été victimes de faits gravissimes au sein d'un lieu censé prendre soin d'eux, mais pour avoir osé témoigner et révéler ils ont subi une violence institutionnelle et psychologique inqualifiable. Que les réactions des personnes se décryptent via l'analyse d'identifications projectives, de manque de formation, de reviviscences de traumatismes personnels ou autres, peu importe au final, car le résultat est là pour ces jeunes élèves qui voient leur scolarité totalement mise à mal par ceux qui devraient pourtant la garantir.

Si pour les enfants traumatisés, la scolarisation peut être une épreuve, c'est aussi le cas pour certains enfants malades ou handicapés malgré la loi n° *2005*-102 du 11 février *2005 qui prévoit que TOUS établissements scolaires (privés ou publics sous contrat) doivent accueillir TOUS les élèves à « besoins spécifiques »* (formulation politiquement correcte pour parler des enfants malades et handicapés). Or faute de formations du côté des enseignants, par manque de moyen matériel et de locaux adaptés, bien des élèves qui devraient pouvoir effectuer leur scolarité ne le peuvent pas et bien des familles qui croyaient que l'école accepterait leur enfant sont leurrées par la réalité et le décalage entre les textes et le terrain.

> Pour exemple ce jeune myopathe, en fauteuil qui ne peut accéder à l'établissement de son secteur où marches et

escaliers, interdisent tout accès à une personne à mobilité réduite.

Autre exemple cet élève gravement malade obligé de venir passer ses devoirs sur table dans son lycée entre deux hospitalisations, car son établissement refuse les notes transmises par les enseignants de l'hôpital (ce qui n'est pas légal) et sans note dans son bulletin, il a été menacé de redoubler et sait parfaitement qu'il ne pourra pas s'inscrire dans un établissement après son bac (puisque le système actuel nécessite d'avoir des notes).

Ou encore cette jeune très gravement blessée dans un accident de la route où sa mère est décédée et définitivement handicapée qui se trouve avec une heure de retenue posée en début d'année par le conseiller principal de son établissement, pourtant bien informé de la situation, car elle n'a pas pu transmettre la dispense annuelle de sport en septembre, son médecin étant arrêté.

Cette loi était une chance unique pour les élèves et le milieu scolaire. Elle manifestait une volonté d'humanisation de tout enfant, quelle que soit sa différence en lui donnant accès à l'école. Elle a bouleversé la vie des enfants et des familles, mais aussi celles des professionnels qui se sont retrouvés à devoir s'adapter, sans formation, à des classes très hétérogènes. Et au lieu de devenir une loi de démocratisation scolaire elle est malheureusement devenue, dans certains établissements un support de stigmatisation supplémentaire.

Comme cette jeune institutrice qui, en première affectation, se retrouve avec une classe de trente élèves de CM2 dont deux enfants autistes, un enfant myopathe et dix enfants migrants allophones (ne parlant pas français et tous d'origine étrangère différente) et une seule AESH.[20] Avec une telle hétérogénéité et des enfants présentant chacun des besoins si différentes, comment est-il envisageable d'être disponible sans mettre à mal, bien involontairement l'un ou l'autre de tous ces élèves, mais aussi cette jeune enseignante submergée par les vécus de tous ces jeunes et sans aucun accompagnement ni aucune formation ? Pour ces enfants ne parlant pas un mot de français, l'immersion dans des classes dites « ordinaires » est pensée pour leur permettre de s'adapter plus vite, mais au final ils se retrouvent bien plus isolés que lorsqu'ils étaient scolarisés dans des sections dédiées (classe FLE) ou en que les mois d'enseignement intensif ils apprenaient le français tout en partageant en cours de récréation et à la cantine du temps avec les autres élèves.

Les exemples sont innombrables, mais nous insistons ici sur le fait que la survictimisation bien fréquente du système scolaire n'est pas liée aux enseignants qui majoritairement font de leur mieux et dont plus d'un, y laisse sa santé. C'est bien davantage l'idéologie, a priori très positive d'une école pour tous et de la même école pour tous, qui montre que derrière l'idée généreuse et démocratique de permettre à tous les enfants d'être scolarisés, le système actuel de la logique scolaire n'a fait que renforcer bien des difficultés. Si les classes étaient à effectif réduit, si les enseignants étaient formés et bénéficiaient d'espace de régulation professionnelle pour les aider à gérer les situations difficiles, si l'ergonomie des établissements était conçue autrement, s'il existait un service de médecine scolaire (médecins, infirmiers, assistants-sociaux, psychologues) avec les moyens des missions qui lui sont fixées, il n'y aurait sans doute pas tant de décrochages scolaires, de troubles anxieux scolaires et d'enseignants en arrêt maladie ni autant d'élèves comme d'enseignants qui se suicident. C'est pourtant une réalité même si tout est fait pour qu'elle reste sous silence[21]. Elle dérange, mais nous

---

[20] AESH : Accompagnant des élèves en situation de handicap, anciennement appelé AVS avant la circulaire 2014-083 du 8 juillet 2014.

[21] Il n'existe AUCUNE étude, AUCUN chiffre officiel par exemple sur le nombre de suicide d'élèves ou d'enseignants.

ne pouvons pas continuer d'idéaliser le système scolaire tel qu'il existe actuellement compte tenu des situations vécues par ces enfants et ces adolescents en souffrance.

LES RESSOURCES RÉSILIENTES

Si l'école peut être source de survictimisation, elle peut être aussi un espace de résilience c'est-à-dire un lieu source de vie où les élèves peuvent découvrir des ressources individuelles et collectives de solidarité et d'attention. Un enfant traumatisé peut y apprendre la réussite et se sentir valorisé quand dans son entourage familier aucune estime de soi positive ne lui est transmise ou que ses proches sont eux-mêmes trop bouleversés pour être disponibles psychiquement.

Pour de nombreux enfants ou adolescents ayant vécu des événements traumatiques, l'école est un lieu où les drames subis à l'extérieur sont mis, provisoirement, de côté. « Quand je suis en cours, j'oublie tout ce qui se passe dehors » explique ce jeune élève de dix ans. « L'école c'est la vie comme avant où ma mère était encore en vie. Quand je suis en classe, je pense à mes copains, à mes professeurs et j'oublie pour quelques heures tout le reste » témoigne ce jeune orphelin.

L'école est aussi pour les enfants malades ou handicapés, un espace qui témoigne d'une « normalité » même si ce terme est à prendre avec une infinie précaution. Autrement dit quand un enfant ne peut pas être scolarisé du fait d'une pathologie, il n'a pas la vie de tous les enfants de son âge. Pouvoir aller à l'école c'est « être normal » nous dit cet adolescent diagnostiqué autiste-Asperger. Pour les parents c'est aussi un changement radical que de pouvoir scolariser son enfant en milieu « ordinaire » quand il y a quelques années seules des institutions médicales spécialisées étaient envisageables.

PERSPECTIVES

L'école reste un lieu de vie essentiel pour les enfants. Qu'ils soient traumatisés par des épreuves de la vie ou mis en souffrance par la logique du système scolaire qui ne leur correspond pas, il nous semble important d'envisager la scolarisation comme un temps et un espace potentiel de ressources positives pour l'enfant et l'adolescent. Mais cela nécessite de former les professionnels à savoir adopter les termes et les attitudes qui permettent de s'ajuster à l'enfant telle que l'empathie transitionnelle (ROMANO, 2017). La question de la formation initiale et continue des professionnels intervenant auprès des enfants et des adolescents est tout aussi fondamentale et il reste à ce sujet-là des progrès considérables à effectuer. Même constat pour enfin donner les moyens aux services de santé scolaire de pouvoir réellement intervenir, car médecins, infirmiers, assistants-sociaux, psychologues de l'éducation nationale ont un rôle considérable dans le repérage et la prise en charge des élèves en souffrance psychique devraient être une priorité. Mais ces intervenants n'ont pas du tout les moyens nécessaires pour être suffisamment disponibles (par exemple il devrait y avoir par établissement une infirmière, un médecin, une assistante sociale, un psychologue or dans bien des cas, ces professionnels ont à leur charge plusieurs établissements et des milliers d'élèves, ce qui est ingérable).

Enfin, informer les parents sur les dispositifs existants quand un enfant ou un adolescent a besoin d'avoir sa scolarisation adaptée serait la moindre des priorités, mais trop peu de professionnels eux-mêmes méconnaissent ces dispositifs qui ne manquent pas, qu'il s'agisse de la mise en place d'un PAI -Projet d'accueil individualisé[22], d'une demande d'AESH (Accompagnant d'élèves en situation de handicap, ex. « AVS »), d'un PAP - Plan d'accompagnement personnalisé, un PPRE - Programme personnalisé de réussite

---

[22] PAI crée dans le *décret* n° 2005-1752 du 30 décembre 2005

éducative[23], un PPS - Projet personnalisé de scolarisation[24], un PIA -Projet individualisé d'accompagnement, un PPA - Projet personnalisé d'accompagnement[25].

BIBLIOGRAPHIE

HOUDE, O. 2019, *L'intelligence humaine n'est pas un algorithme*, Paris, Odile Jacob.

OCIRP - IFOP, *École et orphelins, première étude nationale*, 2017.

https://www.ocirp.fr/liste-des-dossiers/enquete-ecole-et-orphelins-les-resultats

ROMANO, H. (dir). 2015, *Harcèlement en milieu scolaire : Victimes, auteurs : que faire ?* (2019, seconde édition)

ROMANO, H. 2017, *Quand la vie fait mal aux enfants*. Paris, Odile Jacob.

ROMANO, H. (dir). *Pour une école bientraitante : Prévenir les risques psychosociaux scolaires,* Paris, Dunod.

ROMANO, H. 2012, *L'enfant et les jeux dangereux : jeux post-traumatiques et pratiques dangereuses,* Paris, Dunod.

---

[23] https://www.education.gouv.fr/bo/2006/31/MENE0601969C.htm

[24] https://www.legifrance.gouv.fr/affichTexte.do?cidTexte=JORFTEXT000030218453

[25] https://www.legifrance.gouv.fr/affichTexte.do?cidTexte=JORFTEXT000020480797&categorieLien=id

POUR UNE PARENTALITÉ SUFFISAMMENT BONNE

Pierre LASSUS

On raconte souvent qu'une mère, intéressée par la psychanalyse, s'adressa à Freud pour lui demander ce qu'il convenait de faire pour donner à son enfant la meilleure éducation possible. Freud lui aurait répondu : « Faites comme il vous plaira, de toute façon vous ferez mal. » La véracité de l'anecdote est sujette à caution, mais l'aphorisme en lui-même ne manque pas d'intérêt. D'une part il souligne le rôle fondamental de « l'éducation » assurée par les parents dans le développement harmonieux de l'enfant, d'autre part il laisse entendre que, forcément, l'éducation serait, sinon « mauvaise », voire pathogène, mais pour le moins inadéquate. Nous ne reviendrons pas ici sur l'étude du développement psycho-affectif de l'enfant, sur toutes les recherches qui, depuis des années, ont permis de relever l'importance fondamentale des interactions entre un enfant et son entourage. Les travaux multiples et, plus récemment, l'émergence des neurosciences permettent de plus en plus et de mieux en mieux, de mesurer ce qui est nécessaire, ce qui est utile et ce qui ne l'est pas, ce qui est nuisible, pour la construction d'un sujet tant sur le plan physique, physiologique que psychique et affectif.

Nous nous en tiendrons à une approche sociale, symptomatique de ce qui se joue, manifestement, dans les effets d'un exercice de la « parentalité », ce terme désignant une fonction indispensable, vitale, d'accompagnement d'un enfant pour qu'il grandisse, se structure comme une « personne » dont la vocation est de devenir un adulte aussi libre et responsable que possible dans un environnement social et culturel donné.

Posons comme axiome que, contrairement à ce que l'on observe dans d'autres espèces animales, l'humain, à sa naissance et pour une longue période, est totalement dépendant des soins qui doivent lui être prodigués par des adultes assurant ce qu'il est convenu de désigner comme « une fonction parentale ». Les exemples, malheureux, abondent de Victor de l'Aveyron aux orphelinats de Roumanie, en passant par Kaspar Hauser et les travaux de Spitz sur l'hospitalisme, prouvant que l'absence de parentalité ne permet pas à un enfant d'accéder au statut d'humain à part entière, et même, très souvent ne lui permet pas de survivre. Il convient ici d'établir, une bonne fois pour toutes, une distinction essentielle entre des « parents » et des « géniteurs ». Pour user d'une formule sans doute un peu « facile » : l'on « est » pas parent, l'on « naît » parent. Autrement dit, être parent n'est pas un « état », mais une ²fonction, contrairement au géniteur qui relève d'une réalité strictement physiologique. Bien entendu, pour qu'un enfant naisse, il a fallu des géniteurs, soit en principe et pour l'instant encore, une femme et un homme, l'une fournissant un ovocyte, l'autre des spermatozoïdes. Le rôle des géniteurs peut s'arrêter là. Un enfant naîtra, mais pour qu'il vive, l'intervention de parents est indispensable. Le plus souvent les géniteurs vont assurer la fonction de parents, plus ou moins bien, nous en reparlerons. Mais si les géniteurs n'ont pas pu, n'ont pas su, n'ont pas voulu devenir parents, d'autres adultes devront prendre la relève, parents d'adoption, parents « sociaux », dans le cadre d'institutions spécialisées.

Ces parents ont ainsi mission de procurer à l'enfant ce dont il a « besoin » pour se développer. Une remarque au passage : l'enfant a « besoin » de parents, c'est une nécessité vitale, et ceci, au contraire d'adultes qui n'ont pas « besoin » d'enfant… Ils peuvent en désirer, et ce désir, aussi complexe soit-il dans ses motivations conscientes et inconscientes, est légitime, mais nous sommes là sur un autre registre : un adulte peut vivre sans enfant, un enfant ne peut pas vivre sans adultes pour lui assurer une bonne parentalité, c'est-à-dire une parentalité qui répond convenablement à ses besoins essentiels.

Éliminons tout de suite des formes de « pseudo-parentalité », ces systèmes faussement familiaux et destructeurs. Il existe et, hélas, ces situations sont relativement nombreuses, des « parents » dont les conduites, plus ou moins conscientes, visent l'élimination de l'enfant. Il s'agit de géniteurs, que l'on continue, abusivement de nommer « parents », et qui ont des conduites criminelles envers les enfants qu'ils ont mis au monde… Il n'est pas utile de détailler, chaque jour nous en apporte son lot… maltraitances physiques, psychologiques, affectives, sexuelles… parents criminels donc, par action ou… par omission… car quelle pire maltraitance que de ne pas se préoccuper d'un enfant, ne pas le voir, ne pas l'entendre, ne pas le toucher… nier jusqu'à son existence ? Pour ces personnes, la cause est entendue, du moins devrait-elle l'être, car, hélas, l'on continue dans bien des cas, alors qu'ils ont été jugés pour les crimes commis, par maintenir une « autorité parentale », on continue à les nommer « papa » ou « maman », on continue, au point d'obliger l'enfant abusé à visiter son « père incarcéré, à vouloir maintenir des liens entre les victimes et les bourreaux au nom d'une sacro-sainte et absurde idéologie du lien, comme si le « lien » était bon en lui-même, fût-il une corde de pendu ou une chaîne d'esclave.

Mais, venons-en à ce que devrait être, à ce que pourrait être, une « bonne » parentalité qui répondrait aux besoins de l'enfant. En avançant qu'est forcément « mal » ce que tout parent peut faire en matière d'éducation, Freud a certainement tort, tout en ayant partiellement raison. En effet une parentalité « parfaite » n'existe pas, ne peut pas exister et le pourrait elle qu'elle serait catastrophique ! Imagine-t-on ce que vivraient des enfants dont les parents seraient « parfaits »… des parents auxquels ils ne pourraient, jamais, reprocher quoi que ce soit… ? Sans aucun doute ce serait un enfer. Mais rassurons-nous, le risque est inexistant. De fait tous les parents, parce qu'ils sont des humains (même si parfois ils se prennent pour des Dieux) sont imparfaits et donc, sont des parents imparfaits, ils en font trop, ou pas assez, ils agissent dans un sens alors qu'il conviendrait d'aller dans l'autre, ils peuvent être à contre temps, ils peuvent agir d'une façon irréfléchie et laisser libre cours à des pulsions inappropriées… etc. Le problème, réel, est donc qu'ils soient des parents « suffisamment » bons… et c'est déjà pas mal. Ce terme de « suffisant », nous l'empruntons à Donald Winnicott qui savait si bien écouter les enfants. Il n'est guère « scientifique, convenons-en, mais il est de « bon sens » et avec une attention suffisante, un peu d'expérience, il est assez facile, de formuler un diagnostic sur l'exercice parental à l'œuvre dans un cadre familial (ou extra-familial).

Dans mon exercice professionnel, pour aider les intervenants psycho-sociaux à évaluer des situations souvent complexes, j'avais proposé un procédé simple, d'aucuns diront sans doute, trop simple, mais j'ai pu mesurer son efficacité. Il s'agit de partir du terme même de « Parentalité » qui commence par la lettre « P » et d'utiliser trois termes commençant également par la lettre « P » pour déterminer le caractère « suffisamment » bon, ou pas, d'une fonction parentale dans un contexte donné. Ces trois termes, constituant un outil mnémotechnique… sont :

Protéger… Pourvoir… Permettre. … les 3 « P » d'une parentalité suffisamment bonne.

D'abord : Protéger. C'est le premier devoir des parents que de protéger un enfant qui est dans l'incapacité, pour une période plus ou moins longue selon les individus et selon un contexte donné, d'assurer sa propre protection. Bien entendu il faut assurer une protection physique de l'enfant, empêcher qu'il se fasse du mal ou qu'on lui fasse du mal, et ceci est, ou devrait être relativement aisé… ce qui, pourtant, n'est pas tout à fait sûr si l'on en juge par le nombre des accidents domestiques… Mais aussi une protection psychologique en lui évitant d'être confronté à des images, des faits, des pensées qu'il n'est pas en mesure de gérer, d'intégrer sans dommages, parfois très lourds, dans sa psyché en construction… l'on pense bien sûr à la pornographie, mais aussi comment laisser seul un enfant devant des images atroces de guerre, de terrorisme, diffusées à loisir par les media, pourquoi le confronter aux difficultés sentimentales, économiques, relationnelles des grands, le perturber par des situations anxiogènes auxquelles il ne peut rien… ? Enfin une protection affective… l'assurer de l'affection des adultes qui l'entourent et de la pérennité de cette affection. Nous voyons donc qu'il convient d'apprécier la qualité globale de cette fonction protectrice.

Ensuite : Pourvoir… le terme est quelque peu désuet, certes, mais nous l'avons retenu parce qu'il a un sens précis et parce qu'il commence par un « P ». Petit rappel lexicologique, tout de même :

« pourvoir c'est mettre quelqu'un en possession de ce qui lui est nécessaire ». Le terme est donc adapté. Il s'agit en effet de pourvoir aux besoins de l'enfant, ses besoins matériels bien sûr, le nourrir, le vêtir, le loger, le soigner,… etc., mais, plus encore, pourvoir à ses besoins éducatifs… il ne s'agit pas là « d'enseignement » ce qui relève, dans les sociétés modernes et « riches » de services dédiés (profitons de l'occasion pour déplorer que l'on soit passé d'un service « d'instruction publique » à « l'éducation nationale »… car si c'est aux professeurs d'instruire… il revient aux parents d'éduquer). Les besoins d'éducation relevant des parents sont des besoins en termes de conduite au quotidien, des gestes et des paroles nécessaires à la socialisation, et aussi en termes d'éthique par la transmission de valeurs, en expliquant la signification symbolique d'actes, de monuments, de formules qui peuplent la vie sociale : Pourquoi « Marianne »… pourquoi Liberté Égalité Fraternité aux frontons des édifices publics ? il s'agit bien là de fournir à l'enfant des « clefs » indispensables pour vivre avec les autres.

Enfin : Permettre… et ce n'est pas l'exercice le plus facile pour des parents. Bien entendu, les parents peuvent, et dans bien des cas doivent, savoir « interdire », dans le but de protéger les enfants, de leur fournir un cadre, adapté aux circonstances et à leur personnalité. Il ne s'agit pas là de faire la démonstration d'un « pouvoir » arbitraire, toute interdiction ne doit être énoncée que dans l'intérêt de l'enfant et non d'offrir au parent une bonne occasion de se défouler. Que s'agit-il donc de permettre ? C'est à la fois d'une extrême simplicité et d'une terrifiante difficulté : faire en sorte qu'un enfant devienne qui « il est »… et non ce que les parents voudraient qu'il soit. L'énoncé est facile, l'exercice ne l'est pas. Chaque enfant construit sa personnalité, chaque enfant est une personne unique, qui pourra s'épanouir au mieux selon qu'en effet, les parents l'auront bien protégé et lui auront fourni le « matériel nécessaire à son accession à la maturité. Ceci étant acquis, les parents devront aider l'enfant à faire ses choix, sentimentaux, professionnels, politiques, spirituels… décider de ce qu'il veut vivre, de la façon dont il veut vivre… les conseils ne sont pas interdits, et parfois, ils sont utiles… mais pas l'ingérence, pas la coercition… Combien d'enfants feront les études, choisiront le métier pour répondre au désir de leurs parents, épouseront-ils un partenaire d'abord parce qu'il plaira aux parents, adopteront-ils un style de vie attendu de sa famille ? … De ce fait, peut-être, et dans certains cas c'est une tragédie, vivront-ils à côté de leur vie, pour faire plaisir, ne pas déplaire, ne pas s'opposer à leurs parents.

Ici il paraît utile, nécessaire, de poser un principe. Lors d'une rencontre, pour faire connaissance l'on pose des questions afin de mieux connaître l'autre, comprendre qui nous rencontrons. Une question est quasiment inévitable : « Vous avez des enfants ? »… « avoir » or ce terme est ici inconvenant, dans le sens propre du terme : qui ne convient pas. Car en employant ce verbe « avoir » est présupposé un rapport de possession des enfants par les parents. Ainsi l'on « aurait » des enfants comme l'on « a » une maison, un compte en banque, une voiture… Mais les enfants, nos enfants s'ils sont « les nôtres » c'est parce que nous les aimons bien sûr, mais c'est aussi parce que nous n'avons envers eux que des devoirs, et les droits que nous pouvons exercer ne sont qu'un moyen pour remplir nos devoirs… Nous les avons mis au monde, et/ou nous avons exercé le rôle de parents dans l'unique but de leur permettre de se réaliser, de leur permettre de choisir, de leur permettre d'assumer leurs choix. Vous le souhaitiez polytechnicien ou garagiste, il (ou elle) veut devenir instituteur ou jardinier… ne l'en empêchez pas. La question essentielle de « l'Être et de « l'Avoir » est ici incontournable.

Mikhaïl Bakounine (1814-1876), notamment théoricien de l'anarchisme, a prononcé cette phrase qui exprime très exactement la façon dont les « grands », les adultes, les parents devraient considérer les enfants : « Les enfants n'appartiennent ni à leur famille ni à la société, ils appartiennent à leur future liberté »…

Sans doute, l'appartenance de l'enfant à une "lignée" familiale symbolique constituera un élément très important dans sa propre construction psychique, mais ce qui est ici dénoncé c'est la possibilité d'une appartenance réelle, d'un traitement de l'enfant comme une possession sur laquelle l'on disposerait d'un pouvoir absolu, au nom de son "bon vouloir" et non pour remplir un devoir parental émancipateur.

Il me semble que s'inspirer de ces paroles, ce qui constituerait un profond changement des regards portés sur les enfants, et, partant, permettrait de changer nos rapports avec eux, serait un préalable utile pour améliorer, et ce n'est pas superflu, l'exercice d'une « parentalité suffisamment bonne » qui décidera des couleurs du monde à venir.

TABLE DES MATIÈRES

BESOINS FONDAMENTAUX DE L'ENFANT ET DROIT DE VISITE ET D'HÉBERGEMENT (DVH)   77

Dr Maurice BERGER

LES IDÉOLOGIES EN PROTECTION DE L'ENFANCE : UNE EMPRISE HYPNOTIQUE ?   101

Eugénie IZARD

POUR UNE PARENTALITÉ SUFFISAMMENT BONNE   153

Pierre LASSUS

Printed in Great Britain
by Amazon

58400815R00099